新零售：电商创业陷阱

贺关武◎著

浙江出版联合集团
浙江人民出版社

序一

2016年，中国互联网的创业环境经历了从万众创业到资本寒冬的大起大落，许多注定失败的商业模式在资本的推动下虽一时风头无双，又因为资本鼓吹起来的泡沫的破裂而坠入创业深渊；许许多多的创业者被套牢在自己的项目中，苦苦等待下一波资本来续命。

在当下这种混乱的创业环境中，《新零售：电商创业陷阱》出版得正当其时。贺总结合自己的创业经历及对互联网的深刻洞察，通过层层剖析，帮助众多创业者更清醒地看到创业路上的深坑、陷阱，避免走更多的弯路。我建议每一位创业者都该好好阅读这本书，相信收获会比预期的还要大。

趁着这个机会，我也谈谈对于创业的想法。我在电商以及电商自媒体领域也深耕过五六年，跟许多创业者都打过交道，对于创业的艰难以及遭遇的深坑有深刻体会。印象最深的是碰到很多电商职业经理人和传统企业老板合资开发电商创业项目，这类项目中电商经理人往往是小股东。无论电商项目是否成功，90%的结果都是小股东没拿到一分钱补偿就被赶出局。

这些作为专业人士的小股东的创业结局之所以如此难堪，是因为他们太相信股权的数字，而没有在创业初期跟大股东谈好退出机制。不谈好退出机制的股份安排等同于废纸，身边血的教训比比皆是。如果这些创业者能够早点意识到这些深坑，或者能够早点看到类似《新零售：电商创业陷阱》这样的书，预判问题所在，或许结局又是另外一番景象。

互联网创业的另外一个误区是，许多创业者总以为抓住了趋势，但都因为进入太早而成为“先烈”。创业者对未来新趋势创业不能做得太早，如之前国内几家电商在别人都还在做PC电商的时候，率先做起了移动电商，其中一家电商还获得腾讯2亿美元的投资，但现在移动电商的排行榜中已经找不到它的身影。

以上谈到的股权以及趋势只是结合我个人的观察所举的两个例子，现实中创业者遇到的问题不仅更多，而且更复杂，他们迫切需要一位导师或者可靠的朋友用他的经验以及洞察力帮助其跳出深坑，规避风险。而本书正扮演了这样一个角色。

现在市场上高呼万众创业，关于创业万能方法论的图书不计其数，每一本都在激发着创业者的激情及情怀，号召大家一定要通过创业来改变世界，但鲜见有哪些书籍提醒创业者务必冷静，指出创业道路上的艰险及陷阱的，因此贺总这本书更显得难能可贵。

99%的创业都不似媒体鼓吹的那般充满着英雄主义的浪漫情怀，其中的艰辛困苦、挣扎焦虑也只有创业路上的行者才能深刻体会。而今天有了《新零售：电商创业陷阱》这盏创业路上的“明灯”，创业者们在未来的路上也能走得更理智、更顺畅！祝愿千千万万还在路上的创业者都能达成自己的目标。

中国电商著名自媒体人、触电会创始人　龚文祥

序二

2017年已经过去，人人都喊的“资本寒冬”似乎并不存在，显然这是一个伪概念。资本怎么会有“寒冬”，只是没有找到好项目。互联网各大基础平台建设已经完成，线上和线下正加速融合。目前很多行业都有了巨头，对于大多数创业者来讲，创业的路究竟在何方？

很多人没有看明白商业运作的思维模式，不懂得如何去判断一些新概念，比如我经常讲做“小而美”或者个性化的服务就是下一个风口，一些人却认为做“小而美”就是开一家淘宝店。

真正“小而美”的品牌有三个基本特点：第一，定位细分；第二，具有追求创新的匠人精神，能静心做好产品；第三，有人格背书。这三点缺一不可，所以说做“小而美”不是开个淘宝店，也不是仅针对电商而言的。

很多创业者在讲创业的日子不好过，融资的日子不好过，这不是今年的问题，也不是明年的问题，更不是创业本身的问题，而是在任何时代、任何人身上都会发生的问题。大家不用太过于焦虑，现在不是只有某几个人觉得日子难过，是几乎所有人都觉得日子难过，要想解决这个问题，最简单的方法就是：习惯了就好了。

很多人都在讲创业的方法论，创业真的有方法论吗？那些总结出来的好的方法到底管不管用？这很难界定，就算你听了很多成功人士开课讲方法、讲机遇，但他们成功背后的有些东西你是看不到的，他们隐瞒了多少你也无从知晓。

新零售是先借助云计算、互联网、大数据统计用户的消费需求、消费特征，利用这些数据设计产品的样式、产品的风格，再投入生产，这是从用户需求的本质出发，根据市场需求推出产品。

市场在变，思维也要变，就像韩都衣舍，从2016年开始，将平台定义为互联网品牌生态系统，开始有步骤地对外开放，以“韩都衣舍+”的形式，承接服务、拓展领域，以服务的姿态打造互联网品牌生态系统。

走进新零售这个阶段，你就会明白，很多理论是要结合实际来验证的。贺总的这本书《新零售：电商创业陷阱》值得每一位电商从业人士以及创业者去品读，做事之前先厘清自己的思路，这点很重要。

韩都衣舍创始人、CEO　赵迎光

目录

前　言

工作这些年，听了太多故事，看了太多成功与失败的商业案例，也体验过创业的各种心酸历程。在2015年和2016年，分别写过一本书，教别人怎么去做电商平台，怎么去做社交电商，偏重于实操，偏重于技巧。

在有了两次创业经历后，有一天突然想到，学习实操和技巧都是有方法的，按照方法去做，就能掌握，用心一点就能够熟练应用。任何人按部就班都能掌控这些方法，但想要在商业上胜出，这些还远远不够，实操和技巧仅能让你做好这份工作，但当你创业的时候，就会明显地感觉到，商业运作的关键点在于思维意识上的认知。

所以有了写这样一本书的想法，把那些狭隘的思维，被曲解的理念，那些只是为了给自己的情怀加分、为了宣传自身而宣扬的理论，列举出来并加以分析。让即将开始创业的人，以及所有从事互联网、电商行业的人看清楚，很多被吹得热火朝天的概念，都是宣传的噱头而已，是经不起考验的。甚至有些商业模式已经被证明是错的，但还有后来者不断地尝试，其结果必然是悲剧性的。想到了这些，觉得自己有义务去“拨乱反正”，于是便有了这本不讲成功案例、只讲商业陷阱的书。

创业处处都是坑，这些坑有些是出于自己思维上的不成熟，有些是商业运作中的陷阱，有些是合作伙伴给你下的套，还有一些是投资人和投资机构只用利益来衡量所导致的隐患。所以我一直不鼓励应届大学生去创业，商业运作中有太多需要积累的东西，年轻人很容易陷入彀中，毁了自己创造的一切，也毁了自己的名声和信心。

比如“中产阶级的崛起”这个概念，会成为一个趋势吗？如用收入指标去分析，用“80后”“90后”的消费能力去分析，是成立的，你就可以瞄准这些人群去创业了。然而现实呢？只要你去做更多的调研、更多的综合分析，就会发现，人的消费能力不是简单地由收入决定的，消费的确是在升级，但不代表中产阶级正在崛起。所以用消费升级来推导中产阶级的兴起，是不可靠的。

很多所谓的趋势、商业潮流概念，都有片面性，误导了不少人。每个人都是站在自己的位置说话，在人就是入口的今天，每一个人都是流量的来源，尤其是企业家和网络“大咖”，他们的每一句话都能影响一群人，但他们说那些话的目的绝不是简单的意见陈述。

人这个入口用得好了能够降低成本，用得不好就会使自己陷入两难境地。以往的营销方式，用户看到的是广告，是商品，是明星代言人，而企业家都隐藏在企业和产品的后面。

然而今天，创业者和企业家成为流量入口，用户首先知道的是这个人，然后产生信任，继而购买产品和服务。如果产品和服务出了什么问题，这些创业者和企业家就会首当其冲，诚信和名誉都会受损。

不仅是流量入口有其负面性，很多新兴的概念也都有其负面性，我们不能只看到事物被鼓吹的一面，而应更多看到其背后的一些东西。

01

走出互联网时代的套套理论

无法证明它是错的，并不能说它就是对的，这个时候就会陷入套套理论困境，夸大理论的指导范围。

套套理论本来是逻辑学中的概念，后被著名经济学家张五常引入到经济学中。意思是说，一些言论在任何情况下都不可能错，而实质上这些言论却是空泛的，没有任何实际内容，但又不能否定它的重要性。因为加上一些规范的条件，把这些理论的范围收窄，它就会对现实起到指导作用。

这也是为什么很多人在互联网时代听到概念就人云亦云，自己去做的时候又觉得太空泛了，没有什么用，其实是自己在理解和认知上的偏差，走进了套套理论的误区。任何理论、任何概念在使用的时候，都是有条件限制的，它并不一定适合于所有行业、所有企业、所有人。思维的指导一定要区分行业，区分具体的商业环境，否则很容易陷入套套理论的陷阱。

互联网思维里有多少是这种套套理论，没有任何作用的？可以肯定地说，非常之多，数不胜数，而且很多都是被互联网和电商大佬鼓吹起来的。我们有必要弄清楚这些理论真正的含义，电商、互联网应该是一个务实的行业，而不是每年都要吹起一股泡泡，让一群人去追逐。

唯大数据论

说得通俗点，大数据就是互联网发展到今天的一个特征，就是利用新型的技术手段、云计算等，将以前很难提取分析的海量数据集合起来，进行统一分析，统一价值分类，以期对商业有更精准的指导。区别于以往的抽样分析，以样本分析的价值来代替整个数据的价值，其在处理方式和处理结果上比传统的方式精准。

那么，什么样的企业需要大数据呢？可以说，所有的商业行为都需要大数据的指导，它对整个商业都有意义。但真正的落实和理论有很大差距，首先就是这些数据的价值：分类是否足够精准，有没有做细分，以告知何种企业在何种情况下可以运用何种数据作为参考。而仅仅知道大数据很厉害，所有的生意都可以用大数据去分析，依此做决策，是远远不够的。

还有一个问题，就是用数据来做决策和用经验来做决策，到底哪个更重要呢？这又让笔者想起那个故事：如何在生产线上认出哪个是空盒子，概率很小，却是必须解决的问题，研究经费可能是巨额的，研制出激光扫描仪去辨别；老工人也可以在生产线的传送带上放一个风扇，将空盒子吹落，几十元就能解决问题。

这个时候我们其实是要考虑效率，而不是一味地崇拜大数据，唯数据论。现实中，我们有很多人确实这样做了，在追逐的过程中，崇拜一切新理论，把个案的成功当成是一种趋势。相信专业机构的数据分析结果、预测的商业趋势。

如果真要和做大数据的人讲道理，普通人是讲不过的，因为他有一万个理由说服你，让你相信脱离了大数据，根本就是寸步难行。当你下定决心用大数据经营企业的时候，却发现无从下手，宽泛而谈，实际运用举步维艰。你会发现所需要的仅仅是一些简单的统计、简单的数据分析，而不是高深的数据推演和多维度的分析。

数据的一个缺陷，就是把一切理性的东西放大了，而忽视了大量的突发事件，以及人为因素，比如购物中的随机性事件、外在因素的影响。

比如，我们要做一个简单的数据分析，分析某大电商平台的某个行业的评价真实性、用户的喜好等，从而推演第二年的趋势，或者当下哪种产品更受欢迎。

结果出来后，可能会和真实的情况大相径庭。这是因为数据来源中有很多难以区分的东西，用户无法掌控数据来源的真实情况。就像购物评价一样，可能存在刷单，存在返现好评，存在用户因为不满意不愿意去评价而默认好评，还有是因为长期无强烈喜好的人习惯好评的……这些原因都有可能影响数据结果。

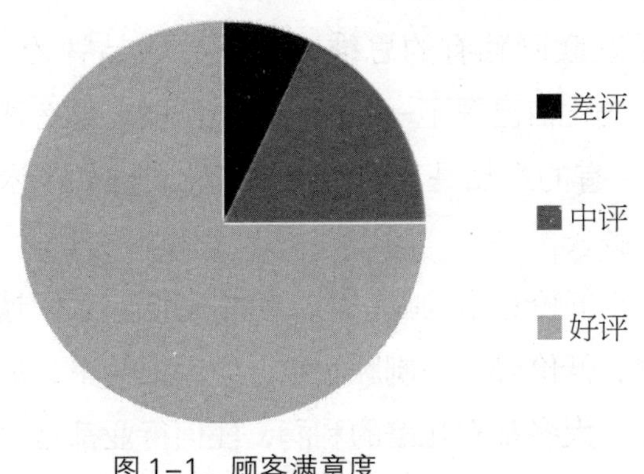

图 1–1　顾客满意度

这就牵扯大数据的造假问题，有人可能会说，数据造假只是很小的一部分，大部分都能反映真实情况。不一定，如果你曾经在传统商场做过经理，或在电商平台做过运营，就会知道走流水或者刷单的占比有多高，有时甚至占到一半以上了。这些数据造假的目的，有的是为了让年报好看一些，也有的是为了评价里多些好评，吸引新用户购买。

还有，如果创业时拿过融资，也会明白，那些号称几亿元、几千万元的融资，到位的并没有那么多，很多只有一半，甚至连一半都不到。这些数字的目的就很明显了：吸引眼球，吸引大家的关注，融资是每家企业必不可少的营销事件之一，而且效果相当的好。

所以说在数据来源上不能把控，就不能给自己的决策提供良好的参考，除非是那些运作过好多年的大企业，依靠自己提供的海量数据去做决策，知道数据有多少水分，这还比较靠谱。如果单纯依靠一些新兴大数据公司的分析结果来做，就要小心了。

价格竞争的思维根深蒂固

这种是最不像互联网思维的思维，却普遍地印在了大多数电商和互联网企业的心里，甚至在很多网民心里根深蒂固——来网上消费，就是为了买便宜货，这种思维在线上线下都没错，甚至在很长一段时间，网络卖家击败竞争对手的绝招就是低价。

这不是互联网独有的思维，只是有些品牌为了扩大自己独有的性格——用来美化自己罢了——低价的最华丽、最有迷惑力的词语就是“超高性价比”。有的产品是真的超高性价比，比如小米手机，但有的产品仅仅是套了个概念。

无法否定低价思维的吸引力，价格越低，人们越容易接受。电商的最初迅猛发展，低价确实是制胜法宝。原因很简单，那个时候在传统渠道里游走的商品，大多都有几倍的利润，任何行业都是。在产品相对短缺、信息相对不对称的时候，这种打法相当的精准，淘宝当年就是依靠低价的策略找到了生存之道。

可是在今天，打过多年价格战后，大部分零售商品都已经回归正常利润，也就是有 50%左右的毛利率，例如商品的成本价是 100 元，售价是 200 元，毛利有 100 元。做过电商的人都很清楚，电商有比较高的流通成本和推广成本，这两项的成本逐年增加，尤其是推广成本。网络推广的转化率不断地降低，而推广费用一直居高不下。

这个时候再唯低价至上，和竞争对手比价，打价格战，就很不明智了。的确很多商家也尝到了打折促销的甜头，但不能任何时候心里都只有一个概念——我一降价，用户肯定买。对于一些常规的商品而言，降价容易，提价就很难了。

从第一批网购用户的诞生算起，十多个年头已经过去了，曾经买低价品的那些人，如今基本都积累了一定的财富。他们不再仅仅只关注低价，而更多的是关注品质。他们愿意花更多的钱，买品质更好的产品。

一个明显的趋势就是国人对进口商品的偏爱，这些进口商品可是比同类国内产品价格高很多，有的还有一定比例的关税。然而这并不能阻挡国人的消费热情，这和“崇洋媚外”没有关系，只是追求更好的产品、更好的品质而已，这也是这个时代的创业者们应该看到的机会。

“用户至上”很难落实

“顾客就是上帝”，这句话可能错吗？肯定错不了，这是商业理论中延续了几百年的真理。但这句话很多时候仅仅是句口头禅，是一种虚妄的、没有实际规则的商业理论，是主观上大家的共同认知。

演化到网络时代，就成了“用户至上”。比起“顾客就是上帝”，“用户至上”理念更加实际。笔者一直认为规则比理念重要，规则甚至比道德重要。人的自觉性是很差的，很多时候口号的宣导解决不了很多实际问题，此时规则就显得无比重要。

在深圳工作的时候，曾经遇到过一位互联网的创业者，他信奉各种互联网思维：员工要有个性、自由支配时间、弹性工作制、“用户至上”等。口号喊得很响，可在实际操作中遇到了各种问题。一个小小的细节，就能看出如此生搬硬套的可怕之处。

比如公司员工大多数都是早上 10 点以后才来上班的，不用打卡，可合作伙伴和有业务往来的公司则不同，都是执行深圳快节奏的工作时间，早上 8 点开始工作。经常会遇到这种情况：客户来拜访时单位没人、业务电话没人接，让客户十分不习惯。虽然公司员工工作的氛围很好，效率也比较高，但在客户和友商眼中，这是一家非常不靠谱的公司。

这是一个真实的案例，所宣称的“用户至上”，如没有规则的约束，根本就落不了地，你的个性与你的用户习惯是不一致的，这个时候就要开始改变，因为你还没有强大到能让用户不离不弃、始终跟随你的时候。

我们在做一些变革的时候，一定要注意，形式和实质要分清楚，思维的形式展现不能脱离实际要求，一旦形式和实质发生冲突的时候，就要慎重考虑了。互联网公司跟随潮流可以，但不能盲目。

还有一种情况是，嘴里喊着互联网思维，在媒体上、在公众面前是潮流的代表、互联网思维的积极实践者，可在内部工作形式上却不是，他们的目的只是为吸引用户的眼球，拿到市场份额，拿到融资，仅此而已。

很多互联网公司拿到了融资之后，在操作各种渠道资源、运作企业的时候，仍然采用传统企业的方式。但大多数人并不了解，只是看到了表象，去跟随，去模仿。当然这类企业算是比较聪明的，用最适合企业的方式进行运作，用最适合市场的方式进行宣传。

互联网就要玩“粉丝经济”

先回顾一下这几年“粉丝经济”都成就了谁。自媒体、微商、“网红”等，小米手机、锤子手机、罗辑思维等公司，都是潮流下诞生的佼佼者，也是一次次潮流中的沉淀者。始终是他们在引领潮流，尽管换了几次概念，换了几次风口了，但这些人却是不变的。

大部分人都成了“炮灰”，“粉丝经济”不适合大多数人。为什么说大多数人不适合呢？先来看玩“粉丝经济”需要具备哪些条件：

一是会写。会写内容、写文章、写段子、写书等，无论是朋友圈、微博、今日头条、视频网站、直播网站……都是内容的载体，只是表现方式不同罢了。这个前提很重要，必须会写，或者有一个会写的团队。

团队里会写的人，一定是公司的核心成员，也就是合伙人级别的。依靠外聘团队来玩“粉丝经济”，非常的不靠谱，很多有财力的传统大型公司都惨败而归，仅有少量公司挺住了。

二是光环。会写是将自己的能力、才华展现出来，还必须有足够的经历，有背书。这些背书可以是你过往的职业经历，比如央视主持人、名企高管等。这些天然的光环，可以让公司运作起来更高效。

总之，你的过往要很“牛”，这就告诉我们，“草根逆袭”这种事越来越难，风口是留给那些已经准备好了的人，而不是那些什么都没有的人。还有一种就是编造的历史，持续的编造，会忽悠一部分客户，但被快速揭穿、被抨击的可能性也很大。

三是创新，不断地更迭创新。无创新，“粉丝”的期待值是递减的，比如小米手机。小米在最初的两年里，“粉丝”的期待值是非常高的，因为性价比，也因为“情怀”。但2015年之后，手机行业已洗牌重组，其他竞争品牌迅速崛起，性价比已经不是王牌了，同时，在一个人人讲“情怀”的年代，“情怀”也变得不值钱了。于是，“粉丝”的期待值锐减。“死忠粉”“脑残粉”很稀缺，当初的青年们已结婚生子，变得老成持重，“粉丝”在成长，产品如不能跟上“粉丝”的成长节奏，就意味着被“粉丝”抛弃，尤其是低端机市场用户。用户在乎的是性价比，不要和用户谈忠诚，用户无错，他们做出了最优的选择。

四是用户思维。要明白这里的“粉丝”就是用户，而不是娱乐明星的“粉丝”，没有一呼百应的效应。品牌必须有长期的价值输出，驯养“粉丝”。说到这里，就要提醒大家，产品、营销要做得足够垂直细分。

大多数人是没有能力在大的分类里游刃有余的，根本竞争不过那些大佬、大品牌，但只要做得足够细分之后，就不一样了。

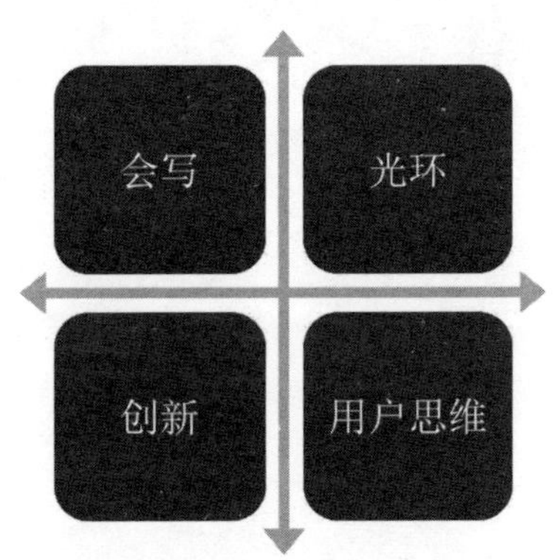

图1–2 “粉丝经济”必须具备的条件

用这四条标准去衡量一下自己，是否要玩“粉丝经济”，还是虽然一直在玩却一直没有回报，只是哗众取宠。

在自媒体或者内容创业者积极投身“粉丝经济”时，一些成功的平台却在“去粉丝经济”，或者说从这些平台的角度来讲，“粉丝经济”并不是一个好选择。比如今日头条——一个咨询类的内容平台，从它的推荐规则来看，“粉丝”并不是那么重要。它结合各种算法，按文章内容、标题、互动等指标做个综合指数，然后去推荐。无论是其他平台的自媒体大号、传统媒体，还是新人小号，在今日头条这个平台上，都是站在同一个起点上。谁的文章都可能有十几万个阅读量，也可能只有几个阅读量。

而这种不把“粉丝经济”作为重点的平台，也有自己的考虑：一个综合的平台是需要有百家之言的，“粉丝”是平台的，不是某个自媒体的，用户需要看到的是有质量的文章、有趣的内容，满足这些就足够了。实质就是去除小圈子，形成集中的大圈子，把那些个人自媒体圈子打碎，成为一个真正众享的平台。除了今日头条，百度百家号、一点资讯这些平台都在做同样的事。

互联网思维的本质是把正常的商业思维运用到互联网上，或者说利用互联网这个工具让信息传递和产品流转更便捷一些，落实真正的服务意识，以及督促人们回归到商业交换的本质上来。

02

凡事都要去中心化的教条

中心化代表的是人的信任，商业重塑与轮回，每一个轮回都会创造无数个机会。

去中心化一直是大多数人所鼓吹的互联网思维之一，很多人一直没明白这个中心指的是什么、去掉了谁，模糊地认为一切的大型平台——大型的连锁公司、代理商等，这都是去中心化的对象，甚至认为自己可以在去中心化的浪潮中狠狠赚一笔。

去中心化被放大、被推崇，还有一个原因，就是在管理层面的实践成功。比如流行的小组制，也就是阿米巴模式，稻盛和夫先生首创了这种模式，曾经很成功地帮助一些企业扭亏为盈，最典型的案例就是日本航空公司（简称“日航”），于是去中心化被看成是企业管理中的神话。阿米巴模式就是将企业管理层打散，在企业内部形成无数个小组，独立核算，让全员参与经营。

事实真的是这样的吗？笔者在认真地研究稻盛和夫后才发现，这里有一个很大的误区——稻盛和夫的成功，以及阿米巴模式的成功，是“稻盛哲学＋阿米巴经营”的成功，稻盛哲学是前提，并不是简单的模式问题。

在《稻盛和夫：阿米巴经营》[①]中有这样一段记载：稻盛和夫于2010年2月1日进入日航，仅仅10个月，日航就创造了1500亿日元的利润，这个数字约是日航60年历史上最高利润的两倍，也是当年全世界727家航空企业中利润最高的。阿米巴模式是在2011年4月稻盛和夫进入日航14个月以后才正式导入的，可以看出，是日航扭亏为盈之后，才运用这种模式的。

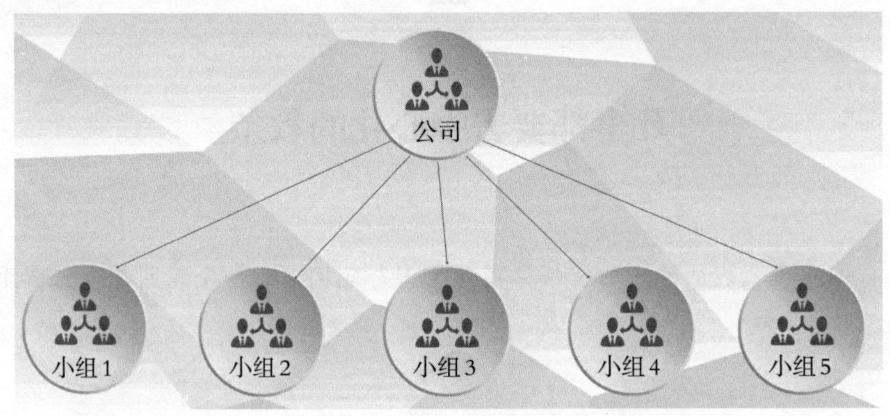

图2–1 每一个小组独立核算成本及自负盈亏

把日航的成功归结为阿米巴经营，是惯性思维在作祟，连稻盛和夫自己也承认日航当时的成功并非因为引入阿米巴模式。我们要正视孕育阿米巴经营的稻盛和夫的经营哲学，如果仅仅只是泛泛而谈，会误导他人。

国内只有很少数的企业运用阿米巴模式获得成功，大部分企业都在尝试之后回到了原点，这种模式并不适合所有类型的企业，包括前几年很多互联网“大咖”推崇的“砍掉中层”等，都不具有普遍操作性。

这个原因很简单，基本由四个方面决定：

第一个就是个人观念，对工作的态度问题。日本人有一个特性，就是

① ［日］稻盛和夫：《稻盛和夫：阿米巴经营》，曹岫云译，北京：中国大百科全书出版社2016年版。

绝大多数人进一家公司工作时，都希望能够在这里工作一辈子，把一生托付给这家公司。这样的心态就决定了其在工作中的积极性非常高，把企业当作自己的家的思想又决定了其责任心非常强。即使现在几乎所有的国内企业都在提倡员工要把企业当成自己的家，可基本停留在喊口号阶段，只有把企业的各个方面做得足够好，才能让员工有这样的感觉，而目前国内能做到的企业寥寥无几。

第二个是企业性质。日本有大量的百年企业，给人一种十分安稳的感觉，而中国则不一样，大部分的企业寿命都很短，员工没有信心，因为整个市场正处于启蒙阶段，优胜劣汰的速度非常快。尤其是近两年来的创业潮、倒闭潮，使员工更没有安全感。如果企业在不是非常强大和稳定的阶段，就将公司细分成若干个小组，不仅不能带来竞争、激励创新，还会造成员工心理上的无所依托，很容易受到外部的影响，从而对公司失去信心。

第三是小组制并未降低企业运营成本，尤其是每一个部门需要单独核算利润的时候，会计成本在提高，同时增加的还有沟通成本。各部门相互之间是独立的，但在一个公司中各个部门要经常配合，尤其是一些支持性部门，如果每个部门都要考虑利润，势必在相互配合中首先考虑自身的利益最大化，或者支持的时候有所拖延，毕竟小部门之间的配合全靠自觉。试问在国内的市场环境里，能合作好的可能性有多大。

第四是人们最容易忽视的，稻盛和夫哲学这类思想性的东西，是靠言传身教的，要将管理思想融入企业经营中，而这种经营哲学又是环环相扣的，缺了任何一个环节都会出现失误，很多人恰恰是只学了其中某个环节，或者一两个环节，最后把企业弄得一团糟。

很多时候我们只是听信了别人的吹嘘，认知受到误导，那些互联网、电商大佬在说这些话的时候，是有历史条件的，有主观市场需求的。哪些历史条件？就是信息的通路被打通，区域性质的中心被去掉了，全网互通有无，也代表着整个国家内或整个地区内的信息透明化。

至于主观条件，那就更明显了，一般都是为了造势，为了让某个具体的项目获得更多人的关注。有时很多判断连宣扬者自己也不相信，但大众需要这些热点。

在经济层面上，去掉的是信息的垄断，和平台垄断没有什么关系，而太多的事实已经证明了这一点，我们要关心的是那些和商业运作有关的东西。

传统的商品渠道被去中心化，而又形成了大的中心化电商平台

以往的商品信息来源主要有：报纸、电视、官网等。这些信息来源地一般都代表了权威，至于真伪就很难简单判定了，因为信息被传统的渠道所垄断，如商场、专卖店等，价格把控在品牌商手里，或者在当地渠道商手里，用户基本上很难有选择的权利，也没有更多的替代品。而互联网改变了这一切，无数电商平台崛起，并迅速整合，每一次“大浪”过后都只剩下了为数不多的电商大平台。这些平台也是一个个大的中心，像天猫、京东、亚马逊等。它们在一定程度上代替了传统商业的中心，形成了新型的更适合这个时代的大中心，这是对传统落后的渠道的优化和替代。

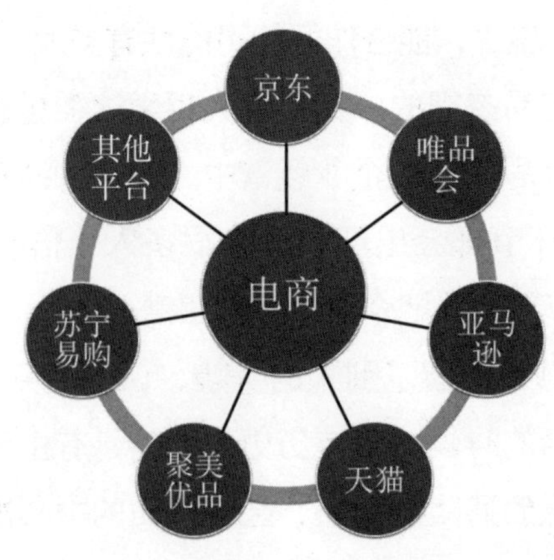

图2–2　电商大平台关系图

电商平台并不需要无数个小的中心，提供产品交易的电商平台往往要

形成一个集合体，尤其是一些标准品、大众消费品，实现一站式购物。如果有过多的平台存在就是在浪费资源，经营和营销的成本并不比传统渠道低。当然一些特殊品类、定制的除外。

用户在天猫和京东上就能买到所需要的生活用品、消费品，不需要再花时间、精力去熟悉其他新生平台的规则，承担额外的风险，毕竟大部分商品都是品牌直营，价格不会有太大的差异。

同时我们也看到了一些电商服务行业的大平台出现，比如打车平台滴滴、快的的合并，形成了打车行业的中心，和以美团、百度外卖、饿了么为中心的几大外卖平台。这些都是新型的中心，很多行业是不需要那么多的小中心的，也不需要去中心化，更多的是要聚拢。

信息渠道重生，信息传播更加透明

关于获取信息的渠道，这里我们就不说传统信息渠道了。互联网集中解决了信息不透明的问题，但随之而来的就是信息泛滥，导致很多用户都不再相信一些大的网络平台了。

最典型的就是网络虚假信息泛滥，在网上搜索出来的信息很难判定真伪，网络信息传递又回归到了线下的状态——一旦信息真伪无法分辨时，就和没有信息是一样的。

这里说到的搜索，不仅仅指搜索引擎，还包括门户网站、大的社交平台、垂直行业资讯媒体等。这些平台产生了海量的信息。大部分信息平台都有声明：不代表平台的观点。这个时候信息的可信度就大大地降低了。而这些平台的盈利模式无非就是广告页面中的各种“硬广”、各种搜索广告，这又再一次让人们失去了信心。

于是，另一个信息传递趋势就逐渐产生了，市场从来都有自己的选择。这种选择往往是逐步淘汰掉人们无法接受的东西，满足一部分人的需求。就像淘宝的出现满足了一部分人的购物需求，故而实体商业受到冲击，面临升级与融合。这是一种正常的商业现象：总有新生的事物能够满足一部分人的需求，解决一部分人的问题。

这个时候新媒体出现了，自媒体出现了，“网红”出现了。人们不再相信机构，开始相信自己在社交网络上认识的那些行业“大咖”——自媒体，相信他们所说的话，因为这些人会为自己说的话负责，为自己发表的观点和信息背书。

每一个自媒体，每一个“网红”，都是一个个小的中心，另外各种行业的社群等也属于这一类型，于是信息传播的渠道再次重生了，每一个人都有了选择的机会，而不是局限于百度、新浪、搜狐等。信息从大的中心逐步地转向无数个小的中心——更专业、更具体、更可信的小中心。

同时也有很多人在讨论为什么中国未能出现像维基百科一样权威的信息平台。这个就要从盈利模式谈起了。维基百科是靠全球捐款来维持运营的，属于公益性组织，可以专注地去做中立的、权威的知识平台。而国内的任何一家企业都没有这份资本能力，只要和商业挂钩，就难以避免出现各种利益寻租。

大中心化会长期存在，而且越来越集中

垂直 B2C 电商网站曾在 2013 年被“血洗”，几乎无存留。可以说是被阿里和京东收割了，收割的是网购用户，也就是流量。这里没有任何商业逻辑存在，但要相信用户的选择一定是正确的，这种现象已经形成，短时间里基本无法改变，这也是每一位即将创业的小伙伴应该明白的。

所以，对于电商而言，中心化电商平台的存在是用户的选择，这个时候再谈去中心化，就没什么意义了，基本会像当年那些垂直平台一样重蹈覆辙。但我们可以选择加入这些大中心，在这些大中心里去寻找机会。

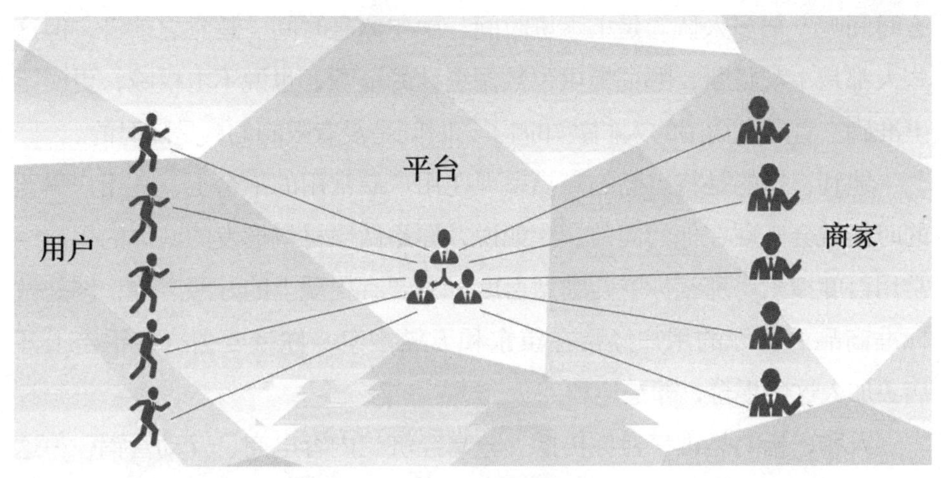

图 2-3　用户、平台和商家的关系

无论是消费品企业、工业品，还是服务业，都可以选择加入已经存在的大电商平台，这是传统企业能做的最佳选择。这些平台已经将相对精准的流量集中了。比如做服装、食品的可以选择在天猫、京东开店，做工业品的可以选择在阿里巴巴、慧聪网等平台开店，做餐饮的可以选择加入美团、饿了么、百度外卖等。无论是对用户，还是商家，大平台可以减少信任成本、时间成本、安全成本。

同时，对于大数据、云计算而言，也是一样的。数据会越来越集中，大的平台会拥有更多的数据，更先进的技术，更多的人才，也会提供给所有企业更优质的服务，而这些行业是不需要万千个独立小个体的，只需要很少的成本就能获取自己想要的服务。

社交电商是电商的未来，本质是在讲流量

对于信息传播而言，就不是那么回事了，信息传播的学问不是那么难理解，简单点说，就是想办法把你的信息展示在用户想看的地方。

这就需要天时地利人和。天时，指的是了解用户在什么时间里会需要这些信息，移动时代的用户可以通过手机随时随地接受信息。那么是在什

么时间呢？很多人认为是上下班时间、中午休息时间、睡觉之前等，但这些大都是主观臆断，哪怕提供了数据统计的证明，也说不上权威，更说不上准确。看看你周围的人们就知道了，时间是没有限制的，是随时的。

地利，指的是将自己的商品呈现在用户最常用的平台上，在用户需要的时候就会出现在他的面前。比如说，你是做原材料批发的，你的用户经常用百度搜索，那么你就要去做百度，不要有主观上的好恶之分；你是做标准商品的，你的用户经常在京东和天猫搜索，你就要去这些平台上开店。加入这些平台，即是地利。

人和，指的是谁来替你传播。分享经济、内容电商、互动营销……这些无非是提供了一个概念，即你的信息通过什么方式传播是最有效的，以你为中心的信息应该如何传递出去，如何让你周围的网友成为传递链中的一个环节。网络上流行的说法是，如何发生关系。理解起来就是你要学着玩网络社交，去分享、去付出，做有质量的持续的内容，同时不断地和“粉丝”互动，如此一来你的信息就会被迅速传播开。

笔者一直在倡导社交电商才是电商发展的下一个趋势，也是新零售的一个重要的环节，因为社交本身就是在做流量，在传播。

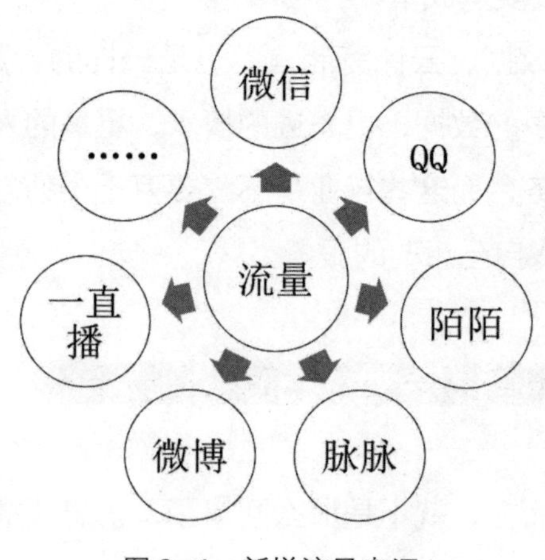

图 2-4　新增流量来源

后端中心化，前端个性化

最终总结出来就是一句话，“后端中心化，前端个性化”。用户的需求是多样化的，满足这些需求并不需要建立多样化、个性化的后端，只需在表现形式上的个性化。

比如我们常说的多品牌化战略，在服装、家纺等行业，每一种风格由一个品牌去运营，一家公司里十几个、二十几个品牌同时运作。而在这些品牌的背后，都是同一家公司、同一家工厂，集约化地去运作资本，去采购，去设计，共用工厂，共用管理系统等。

再比如手机行业，富士康就给许多手机品牌充当加工厂。中心化的方式在后端市场里，往往是最节约成本的，是最优的配置方式。简单的流水线和小作坊不一定适合所有行业。

还有上面提到的大数据、云计算、电商平台等，都是后端集中化的表现，提供的是某种服务。对于前端，比如包装、品牌、设计、营销等，都是在去中心化，追求个性化。所以很多时候，我们不能以某些特定时段提出的概念去理解当下的商业，给企业定基调。

应该提醒的是，你需要的仅仅是做品牌运作、用户运作，至于生产等，就交给专业的企业完成，这个趋势将会长期存在。

03

情怀与规则的对决

时代的产物——感性和理性的对决，是中外文化上千年的延续、商业的基本法则之一。

情怀与规则似乎毫不相干，可一旦创始人和大股东之间发生利益冲突，这两者之间的矛盾就会很明显，这个时候展现在大众面前的资本就是“门口的野蛮人”，而大股东就是拥有资本的人，当然也就“中招”了，资本被批得一塌糊涂，群众往往是同情那些有情怀的人或表现出有情怀的人，也就是企业的创始人，但往往忽略了这些冲突的内在原因，毕竟很多事情的发生都有其合理性。

每一次冲突都在很久之前就埋下了种子，沃尔玛入股一号店，一号店创始团队几乎全部出走；平安入股汽车之家，汽车之家创始管理层出走；宝能和万科创始人之间的冲突，引起社会舆论一片哗然。这个时候，网民不一定有判断力，但他们一定有传播力。

这产生一个很无语的现象，一群不知道真相的人、不明白市场经济的人，掌握了传播的权利，掌握了舆论导向。原因很简单，这个群体太过于庞大，影响范围相当广。他们不了解资本的本质，坚信多劳多得，同情那些走在聚光灯下的人、那些自己耳熟能详的名字，凭借自己的主观意识去下结论。还有一种心理因素，就是看热闹不嫌事大，喜欢凑热闹，以前在街上喜欢看热闹，现在在网上依然如此。

他们对于资本在经济中的作用知之甚少，这是典型的对陌生事物天生排斥的行为，是由惯性思维和知识层次决定的，容易跟风，容易赞同大部分人的观点，然后去传播，却没有看到资本所承担的风险也就是做出贡献的那一部分，忽视了金钱在商业中的作用。

“门口的野蛮人”的真相

那什么是“门口的野蛮人”？就是资本，其实这些资本早就来了。资本的本质是赚钱，不是为了实现企业创始人的梦想，而是为了实现自己的梦想。资本的梦想就是赚钱，但过程必定伴随着风险。

图3–1 资本的力量

“野蛮人”是邀请来的，不是自己跑到门口来的，而且是在融资的时候，双方达成了协议，形成了某种规则。在那个时候，资本已经被请进了屋子，而且成了主人，这个屋子的产权就有了资本的一份。请资本进来的企业创始人并不傻，他们需要用钱来扩大企业规模，占领市场，甚至功成名就。

资本给了钱，拿走了股份，这些股份在未来的某一个时刻会让资本盈利，同时，也有很大的风险，可能会血本无归，但注资时给创始人的是“真金百银”，帮助企业迅速扩大规模，或者挽救了在亏损边缘的企业。创始人失去了股份，得到的是在那一刻自己最想要的，这个选择是当时最优的选择。

旁观者一边倒地批判资本，其实没有任何理由，只是主观地认为创始人是这家企业的创造者，为企业付出了很多，把企业一步步地带大，不应该被只是付出金钱的资本挤掉。其实对于别人的钱，大众的心里是没有什么概念的，甚至一部分有仇富心理的人，认为只提供金钱，不做什么事就获取很大的利益，是一种不劳而获。

这就涉及情怀了，一个创始人辛辛苦苦数十载把一家企业做到上市，做到估值上亿元，最后却被迫离开这家企业，而企业落到了那些不劳而获的资本手里，于是大家就不同意了，一边倒地声讨，涌现了各种离奇的理由。

事实上任何企业家都是值得尊重的，他们的能力和为社会做出的贡献，都是有目共睹的。但我们不要忘记，在商界，规则一定是比情怀重要，没有了规则，或者有人不遵守规则，那么光有情怀有什么用？

规则是诚信的基础

不讲规则的人必然不讲诚信，创始人与资本的微妙关系就在这里。我给你投了钱，如果你的企业破产了，我就血本无归了。那个时候资本一定会遵循当初的规则，将其当成自己投资失败的损失，而不会过多地责难创业者，也不会让创业者偿还亏损的钱。

很多人会说资本有的是钱，做投资的就应该承担风险，但这钱也不是天上掉下来的，风险和回报应该对等。在企业的初创期，资本一般都是被请来的，非常受欢迎，怎么到了共享利益的时候，就开始受责难了呢？

规则就是当初谈好的协议、形成的具有法律效应的文件，而这些规则就是诚信的基础，可以保证双方诚信的实施，它在有一方不遵守诚信的时候，才会出现，而另一方通过协议来维护自己的权益。如果一切都按照双方事先协议好的来做，就没有那么多的冲突了，也就不需要规则出现。

如果连曾经最支持创业者的那个人也被描述成“野蛮人”，那么说这话的创业者必定是不讲规则的创业者，那他还有什么可值得敬畏的呢？连规则都不讲，怎么可能有诚信。没有诚信无法立足社会，更别谈获得合作伙伴的信任、用户的信任了。

规则和情怀本身并不对立

一个讲情怀的人，一定是一个讲规则的人。其实要纠正一个长期以来的错误认知，就是“情”比规则重要。这里说的“情”，包括亲情、友情、同事情等人情世故，我们通常会因为这些事情使自己陷入一种困境。

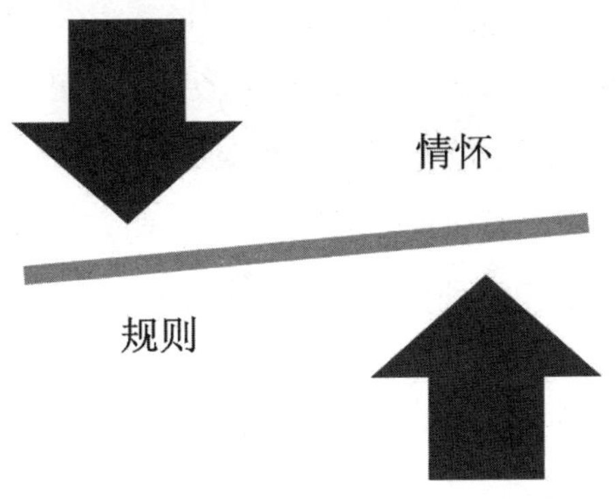

图 3-2　规则与情怀

就拿借钱这事来说，为什么有些欠钱的人那么“牛”，一提还钱就翻脸，全因为出借人当初碍于面子没有要求借款人打借条，没有任何借款凭证，最后弄得“鸡飞蛋打”。现实生活中的这些“血淋淋”的案例，都是出借人因为中了单方面信任的招，就因为把“情”放在首位，忽视了规则，一旦遇上不讲规则的人，必然会输得很惨。

运作资本的人，都是一群很聪明的人，他们熟悉法律，善于运用市场规则，每一次投资前都会把很多未来可能发生的事预设在内，所以才有了事先订立规则的举动，以保证将来某个时刻自己的利益能受到保障。

而创始人也一样，不能在资本要实现自己权益的时候，向资本讲情怀。别人讲规则，你讲情怀，这种冲突本身就是不应该有的。你的企业已经做大，已经盈利，你的能力、名声、财富都增加了，你已经得到了很多。而资本不可能只拿到一个数字，一个账面上的东西，他们需要拿到真实的金钱，拿到事先约定的一切权利。

一些人总在谈，很难想象阿里巴巴集团没有马云之后是什么状况、京东没有了刘强东又会是什么状况。这些理论只是主观上的臆断，公司发展到一定规模，创始人的重要性就开始变小。尤其是上市之后，一切都走上了正轨。不是所有的创始人都能够管理千人、万人企业的。如果创始人能继续让企业获得更多的利润，资本必然保留创始人，毕竟能够借此分到更多钱，但是如果做不到，就要按规则办事。

有些担心往往经不起推敲，比如马云退休了，难道你就不上淘宝、天猫买东西了吗，天猫的服务就会有重大变化吗？这是不可能的事。否则世界上就不会有那么多的百年企业了，早就跟随创始人的离世而消亡了。

资本动用手中的权力将创始人团队赶出公司，主要原因是在资本方的判断中，创始人的决策和管理能力，或者说能力层次，已经不能为公司创造更多利益了，在多次交锋无果的时候，才会走最后这一步。这才是最根本的原因。对于创业者而言，当你的企业不能够创造更多的利润时，资本肯定会有所行动，毕竟资本拥有的是产权，而你只是拥有使用权而已。

挂在嘴上的不是情怀

见过许多的创业者，他们讲起自己的项目、自己的产品总是滔滔不绝，对前景一片看好，充满理想和激情。情怀在互联网世界里尤为重要，用户对努力的人感兴趣，对执着的人感兴趣，对有拥有匠人之心的人感兴趣，但归根结底还是希望能够买到最优性价比的产品。

情怀是吸引人的标签，因此很多创业者热衷于标榜自己的情怀，展示自己各种独特的品质，甚至不断夸大这些品质，以配合新媒体的宣传需求，并最后把自己打造成了一个超“牛”的人。这个时候，用户对创业者的期望值就非常的高。

当用户去体验你的产品的时候，往往是怀着激动和崇拜的心情，可是一旦未达到用户的预期，他们当初有多喜欢你、捧你，今天就会多厌恶你、“喷”你。网上有句话是这么说的：粉丝的爱都是高利贷，曾经有多爱你，在你犯错的时候，就会加倍地恨你。这种情况屡见不鲜，但无数的创业者仍然前仆后继地在各种场合，卖力地标榜自己的情怀。

所以说整天把情怀挂在嘴上的人，大多数仅仅是出于宣传的需要，各种“摆拍”，各种造势。真正的情怀属于那些用心做事的人、努力钻研的人，全心全意地把产品做好，做到行业顶尖，让用户因为产品而点赞，而不是让用户因为你的情怀而点赞。

标榜情怀的另一种表现在于一些创业者只要拿到了融资，就开始走上各地演讲的道路，参加各种论坛、各种培训课程，给大家讲自己“精彩”的创业历程、自己的初心，讲到最后连自己都相信那是真的了。把大量的时间用在了无意义的宣传上，而忽略了产品和服务。

比如锤子手机创始人罗永浩之前是一个老师，一个拥有很高大众好感度的公众人物，后来他去做手机了。锤子手机也被贴上了某种情怀的标签，甚至罗永浩本人也被贴上了某种情怀的标签。媒体和网友认为他是在卖情怀，做手机完全是在玩，甚至在第二代锤子手机出来的时候，很多人依旧认为他卖的不是手机而是情怀。

于是在锤子手机降价时，就被认为是情怀贬值了。众人玩笑着说：售价 3000 元，其中，手机是白送的，情怀就值 3000 元。事实上是这样的吗？就像罗永浩在罗振宇的《长谈》节目中所说：“情怀只是别人眼里的我，事实上锤子手机从第一代开始，就已经获得了多项国际大奖，从产品设计到用户体验，每一个环节都十分认真……我们现在几乎不提情怀了，用户需要的是好的产品。”

真正的情怀是怀有一颗工匠的心去做事

“解放手艺人”，这个口号喊了很久，后来大家发现，喊这个口号的人，貌似都没什么手艺。很难想象一个连产品都没做出来的人说自己有一颗工匠的心，是什么样的景象。

“匠人之心”，这个词流传了很久，在互联网时代被不断放大。创业者开始效仿，把这个标签往自己身上贴，都说自己怀有一颗匠人之心在做事。

图 3–3　工匠之心

匠人最初是指在木匠这个行业里，掌握木工技术，不断钻研，精益求精，用几年、几十年的时间去学习，最终做到行业顶尖的人。延伸到做其他产品，在某一个行业里，不断地完善一款产品，提高性能，不断更迭，提供更好的用户体验，把企业做成百年企业。

想成为一个匠人，至少得在这个行业里摸爬滚打 10 年，这和情怀一样，不是挂在嘴上的，是要用时间去证明的。近年来的互联网创业潮充分证明了这一点：创业的时候激情澎湃，满心欢喜地去研究这个行业，去做产品，创业一年之后，公司遇到“瓶颈”，融不到资金，产品打不开销路，进而破产，然后就迅速转行，去做其他更赚钱的事，或者加入其他创业团队，开始做其他产品。这种案例屡见不鲜，这些人有匠人之心吗?

服务行业也是如此，2016年，日本评选出一位国宝级匠人，是东京羽田机场的一位机场清洁工。这份工作她干了21年，被授予国宝级匠人荣誉的原因就是她善于打扫卫生，能够对80多种清洁剂的使用方法倒背如流，能够快速分析污渍产生的原因，并配置最适合的清洁剂进行清洗，能针对一些特殊情况下形成的不易清洗的污渍设计解决方案。

这已经不再局限于打扫，而是上升到了技术层面。同时对于一些细节的处理充满了人文关怀，比如在小孩可能会碰到的地方，不使用刺激性试剂。这种对待工作的态度，才是真正的匠人精神。不以行业为界定，有此精神者在每一个行业、每一个岗位中都能成为匠人。

04

拒绝没有生活的妄想症患者

沉迷于妄想，善于分析，却不懂生活，创业乏力，你是这种人吗？

商业源自生活，创新也源自生活。但在互联网时代，网上充斥着各种嘈杂的信息、各种所谓的风口、一夜暴富的神话，于是有人开始仅靠直觉，靠自己的推理，就开始创业，或者迅速改变自己的初衷。

这些人整天在网络上忙碌，学习、搜集的信息都来自网络，连交友娱乐也在网上，所有的判断都严重依赖于网络上的信息。在网络上混得如鱼得水，愉快无比，但获取到的信息又有多少是能够用于商业判断的呢？

这样的人被称为没有生活的人。生活是人们自觉自发的行为，早上起来要刷牙，要去上班，坐地铁、坐公交，或是开车；周末会和朋友聚餐、聊天、逛街。闲暇时，会上微信、QQ 等社交软件扩展人脉，也会去百度、360 等门户网站搜集信息。有购买食品的需求，有洗车、理发、叫外卖的需求，等等这些事，都发生在我们日常生活里。

很多时候同一件事情，在生活中，也有多种选择，比如说洗车，可以自己打水洗，可以叫洗车服务上门来洗，也可以去洗车店等。在如此多的选择下，人们往往不会迅速地集中在某一种选择上。一旦我们中的很多人在作判断的时候，认为只要某种选择对于自己来说各方面都是最优的，且人与人相互影响，这部分群体就会越来越大，就能占领整个市场。

还是以洗车为例，2014 年时 O2O 模式开始流行，上门洗车的创业公司就有上百家，与此同时上门美甲、上门理发、上门按摩等服务也十分火爆，每一个细分行业里都有几百、上千家的创业公司。到 2015 年微商潮流爆发，整个朋友圈都在“晒”微商。2016 年，直播开始风靡，一群群人冲向了直播间，主播、“网红”、观众，很是热闹，直播 APP 在几个月之间暴增几百个。

追赶这些潮流的创业者，他们在追逐什么呢？很简单，就是所谓的投资，拿到投资就算成功了，至于盈利模式、今后公司的发展布局，并不是所有的创业者都想清楚了。

图 4–1　潮流追逐者

很多人从事某个行业，只是因为周围都是这个行业的人，就简单地认为这块市场很大，以后会更大。上门洗车解决了什么问题呢？一定是让人们的生活更加方便了，在前期推广的时候，企业提供了各种的补贴，于是一部分人是冲着便宜来的，还有一部分人是冲着尝鲜来的。冲着便宜来的人，基本没有什么忠实度，一旦没有了优惠，自然会流失。而尝鲜的人，只是为了满足好奇心，体验一下而已，或者纯粹是为了拍张照，发个朋友圈炫耀一下。

部分创业者认为只要客户体验做得好，就会有人重复使用，而且用户一个月最少洗两次车……算着算着就把自己套进去了，一步步陷入了“死胡同”。每一次潮流都是来得快去得也快，哪有时间去提高服务质量呢？很多用户都有同感，一旦上门服务体验差，二次使用便无从谈起。很多分析在理论上是无懈可击的，可以提供各种论证，但在现实生活中呢？你会每次叫上门洗车服务吗？难道每次开车路过洗车店，会为了便宜几元而特地回家专门打个电话，叫上门洗车服务？还要预约，还需等待，其实并不方便。其他上门服务也是一样，你周围有多少人会叫上门理发，更多地还是选择约上一两个闺密去定点的理发店，找熟悉的发型师。

这些上门服务并不是说没有用，而是说它只是针对很小一部分人的专享服务，并不是大众化的东西，无法形成那么高的消费频次。

很多人在构想一个创业项目的时候是“没有生活的”，因为真正了解现实生活的人，知道人们在何时会选择哪些服务，知道在很多外界因素干扰的情况下，需要这种服务的频次会不断降低。其实用生活经验去判定是最准确的，可很多人恰恰忘了这一点，而去相信所谓的潮流、所谓的大师，最后把自己变成了一个没有生活的妄想症患者。

迷信技术者，相信技术手段可以解决一切问题，市场调查可以通过网络完成，用户体验可以通过模拟实现，再让用户反馈信息，相信一切先进的东西，但往往就是这些“先进的”东西造假的成本极低。

如果你看到的用户反馈都是刷出来的呢？如果你做的市场调查样本本身没有按照意愿去回答呢？在网络世界里，能够表达真实想法的人又有多少？科学但并不合理的事随处可见，有时推理的过程是没有问题的，但是过程中的依据值得核实，毕竟这些依据的造假度极高，很难辨别。

这种造假很多时候是不由自主的，也是无意的，比如在网络上回答问卷调查，一般调查对象不会说出自己真实的想法，甚至会对于很多问题给出好玩的答案，目的只为娱乐。严肃谨慎的态度在网络上很少见，尤其是当人们在网络上消遣娱乐时被要求回答正式的问题，其结果是往往收集不到真实的信息。

所以我们会看到很多成功的创业者相信自己的观察、自己的眼光，而不是某个机构的参考数据、某些权威的分析，那些只能作为参考。因为他们明白网络上得来的东西虚假成分有多高，有多少是为了营销效果故意做的。

创业也不一定要和先进的技术相关，例如试想一下，人们最不愿舍弃的东西是什么，是那些值得纪念的产品、带有情感回忆的产品。创业内容也可以助人回归某个年代，让用户去体验那个年代。但这个跨度要足够大，最少是30年，否则是“无感”的。

比如复古的20世纪80年代的餐厅、民国时期的装修风格、秦唐时期的表演艺术、明清时期的家具、旧的牛皮纸包装，案例不胜枚举，很多时候能够给人耳目一新的感觉。即使在互联网时代，很多传统工艺、手工制品，也是非常受欢迎的。

那么在这个嘈杂的世界里，如何作出正确的判定呢?

你注意过自己和别人的抱怨吗

在你没有方向感的时候，你要问自己一句话：每一个人都是生活中的参与者，你的个体表现很多时候都代表了一群人的表现，你的抱怨也是大多数人的抱怨。我们常说解决了别人的抱怨就有了生意的机会，这句话一点没错。

解决了自己的抱怨，就解决了别人的抱怨。抱怨夏天室内太热，就有人发明了空调；抱怨马车在大批量运输时耗时且昂贵，就有人发明了火车；抱怨没时间去吃饭，就有人做了外卖等。每一次抱怨的解决，都会产生一条供应链、一种生意。这些都是源自生活，是最“接地气”的，也是最靠谱的。

这是有生活的人才有的体会，解决抱怨，就有了生意，即使在互联网迅猛发展的今天依然如此。科技越发达，人们的抱怨就越多，人的需求是无限的，永远不满足。所以说创业的机会随时都有，只要你善于在生活中发现人们的抱怨。

图 4–2 生活中的抱怨

对于自己所做的事，你会重复买单吗

这点很重要，一些人创业，自己做的产品、开通的一些渠道，自己都没有尝试过，比如微商，你自己都不会买朋友圈的东西，即使买了，一年能买几次？买了一种，还会买其他种类吗？

说到这里，很多人会反驳，说自家的产品质量好，自己的服务好、优势多，但这些都不是要点。要点是这些渠道、这种项目，有没有被认可，有没有持续发力的潜能，值不值得继续投入。

“重复购买”这个词被很多人忽视，大家总说中国有 13 亿多人口，网民有 6 亿之多，根本不缺用户，往往会以数量的预期，掩盖自己战略的失误，或是根本没有意识到“重复购买”的意义，它不仅仅是增加了你的销售业绩，更重要的是它验证了你的模式是否可行，这比业绩更加重要，不要把用户流失归咎于用户的眼光，归咎于竞争对手的伎俩。

要知道用户的选择永远最正确，错的一定是自己的模式。笔者曾经在多个场合讲过这句话，这是最能体现模式正确与否的铁律。当然用户的需求是随时代变化而变化的，也涉及产品和服务的换代升级，不断地改进产品和服务才能不断地有重复购买。

你做过什么样的测试

产品能否让用户喜欢，不是产品经理说了算的，也不是创始人自己简单判断的，需要的还是用户的真实想法。商业环节里早就有了样本调查、街头调查等，为的就是能够作出最合理的判断，为扩大规模提供依据，证明这件事是否可行。

现在比以前更容易一些，就是在社交网络里做测试，拉一个群是几分钟的事，就能找到第一批参与者，只要付出很少的成本即可，让这些人去体验，说出真实的想法。这些人本身和你毫不相干，他们会公正地去对待这件事情，而不要让自己的家人体验，因为他们往往会碍于面子，或者为了鼓励你创业，刻意隐满不好的体验，从而影响调查结果的准确性。

社群的产生，就有了这样的功能。无论什么时候，你都要拥有这么一群人，利用微信、QQ、微博等找到那些愿意参与的人，这些实际的操作比你想象中的更简单。

同时要注意的是，要鼓励那些有相反意见的人，如果一味地乐观，就会忽视一些决定性的因素，等发现这些不利因素的时候，往往项目已经进行到了一半。利用社交网络来做测试，是要有一定付出的，比如某种奖励，或者某个产品的 VIP 资格等，这样别人才会为此付出时间，并说出真实的想法，调查才会有效果。

你周围人的生活正在发生什么样的变化

这点对创业者而言非常重要，想创业的时候，并不是每个人都发现了机会，才想到去创业的，大部分人都是先有创业的想法，才去找机会。虽然后者比较不合时宜，很难在寻找的过程中发现机会，但这部分人占了创业者的大多数。如何去寻找机会？这个就是笔者要说的，看看你自己、你周围，生活正在发生什么样的变化。

生活在互联网时代，主流消费群体已经接受了网络购物的形式、网络信息传递的形式，各种垂直的部落群体正在聚集，人们把大部分的时间花在了手机上，乐于“刷”手机，那么产品和服务要通过什么样的渠道传递给用户就显而易见了。

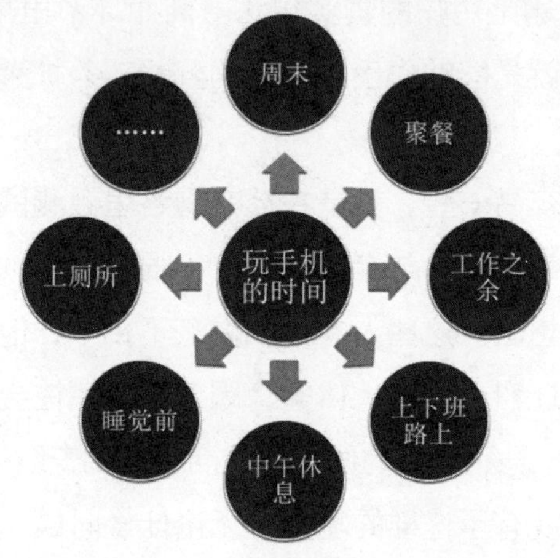

图 4-3　人们把大部分时间花在了手机上

人们打开手机都在做什么，周围的朋友在休闲时间里做什么？是待在家里上网，还是相约去旅行、去逛街、去游乐场，他们出行有哪些方式？通过什么样的渠道获取了这些信息？同时他们在生活中都有哪些抱怨？在种种观察中，你会发现，很多所谓的风口，都只是泡沫。

用自己的经验去判断是否该追逐风口，是最靠谱的方式，如果你的项目过于超前，人们目前很难接受，周围的人不会选择使用，或者说使用的人会很少。这个时候你就要考虑了，这个项目能否撑到盈利，投资人是否允许那么长时间才能盈利。

去咖啡厅、游乐场、地铁、商场看看

人是消费的主体，是创业能否成功的决定因素。最应该研究的不是什么渠道、什么平台，而是人。人们都在做什么，穿什么样的衣服，谈论哪些话题，吃什么东西等。

研究人，就要去人群聚集的地方，如咖啡厅、游乐场、地铁、商场等。以前在做线下实体的时候，有这么一个案例，很多大公司都采取过这种方式，就是在区域经理出差的时候，或者开拓市场的人出差的时候，给他们预备一些出租车费用。这些费用是让他们出行打出租车，不是说公司很有钱，福利很好，而是坐出租车能更快地了解这个城市，融入这个城市，出租车司机本身就是一个城市通，并且大多数都乐于交流。

这是开拓线下市场时的一个例子，通过出租车司机了解这个城市，可以知道非常多"接地气"的信息。笔者并不赞成很多人整天地泡在网上，在网上做一个"键盘侠"，看似很了解用户的需求、用户的喜好，事实上与真实需求相距甚远，因为在网上的信息大多数都是经过修饰的，就像朋友圈里的照片一样，PS过后比整容更厉害。

多去人群聚集的这些地方，多约一些人开展线下聚会，既能扩大自己的人脉圈子，也能够了解更多人的想法，看看大家都在做什么，你会看到一个不一样的世界。

换个城市试试

换个城市试试，这个方法笔者一直在实践，这也是很多人一直在外漂泊的原因。古人云："树挪死，人挪活。"机会对于每个人都是不均等的。很多人总爱宣扬机会是均等的。错得太离谱了！每个人的际遇不一样，生活状态、圈子辐射范围、个人能力等都不同，机会怎么会均等呢。机会均等就像在本书第一节里面讲的，是一种套套理论，理论上无懈可击，但实质上并没有什么用。

所以说，你在迷茫的时候，为一些事情做不了决定的时候，何不换个城市试试呢？如果你只看到了上海的繁华，看到了深圳的科技发达，却找不到自己喜欢做的事情，找不到创业的方向。那么为什么不去二线城市看看，不去旅游型城市看看，也许你会发现，很多东西、很多模式很好，但在很多地方真的没有人做。

换个城市不仅仅是换个心情，换的更是一种思维方式。

05

虚拟经济的数据洞悉

慎用大数据，因为大多与你无关。科技越发达，数据漏洞就越大，商业判断与数据关联有限。

虚拟经济把很多东西提升到了一个新高度，也把数据快速地展现在我们面前，运用数据分析去做决策，去经营，已经成为很多互联网公司推崇的法宝。数据最直观、最真实，但这些数据的来源和样本都是由人控制的，即使是软件统计、计算机分析，也有很多可以变通的地方。

人们也习惯用数字衡量一个人，衡量一家公司的发展前途。既然有人愿意看数字，数字造假就应运而生了。尤其是当人们已经对小的数字没有兴趣，对年盈利几万元、十几万元、几百万元没有兴趣，对百分之十几增长率、一倍或者几倍的增长率都无感的时候，千万元级的概念、几亿元级的概念就出来了，增长也要用百倍、千倍来表示。

你会发现，经营者总能找到大众喜欢看的东西、能吸引眼球的东西，投其所好，这样才能带来更多的用户，才能建立自己的商业地位。于是就开始各种数据包装，把一切都夸大，让浮躁的人更加浮躁。

信息传递展示的虚拟形式是数据造假的来源

在虚拟经济里，各个环节的数据都可能涉及数据造假。从信息传递开始，我们发布一篇“软文”、一篇新闻稿，看的是阅读量，于是阅读量就开始造假了，平台本身就能操控，阅读量只是一个数字，程序员可以随意更改。就像很多微信公众号发出的文章，动则10万＋的阅读量。

以前笔者也非常羡慕一篇文章发出，迅速就会有10万＋的阅读量，后来有机会带领技术开发团队做项目，细聊之下才明白，只要经过二次开发的公众号，文章的阅读量都是可以更改的。这和微信官方并没有什么关系，微信公众号本身就是开源的，可以二次开发的。

行业内的人深知其中的道理，可对于大多数不懂技术或不懂新媒体营销的人来说，就不是那么回事了。但他们依然需要阅读量这个指标，于是就有了刷阅读量这个行业。

有了刷阅读量，也就有了刷转发数、刷点赞、刷评论。每一个资讯媒体平台、每一个和平台合作的服务商，只需在后台开发的时候，做一个机器账号系统，就可以操纵一切。大部分平台以转发数、阅读量、评论等为指标的广告投放，这些指标都可以由平台自己操作，无论是大平台还是小平台，都可以轻松地做这些事情。

还有的就是刷关注、刷“粉丝”数，也就是所谓的“僵尸粉”。这些“僵尸粉”很容易辨别，比如在社交平台上，只需要打开某些账号的主页，就可以发现有些“粉丝”账号的名字清一色都是数字、汉字、字母组合堆砌的，是由系统自动生成的，再看主页上原创帖子没有，或者只有一两篇，“粉丝”也极少。这种账号的转发、评论毫无意义，只是给一些人完成任务，并不产生实际价值。

这些行为的产生，影响了要做新媒体投放用户的策略。同样的，这些平台是在自掘坟墓，用假的数据欺骗了用户，实质上没有带来销售，那么用户还会进行二次投放吗，还会有持续的合作吗？当然不会。这些初涉新

图 5-1 无用的“僵尸粉”

媒体行业的用户甚至会感到这是一种没有任何作用的投放方式，进而对这个行业产生排斥感。

这种不良的行为，也在影响新媒体行业的健康发展。对于初涉新媒体行业的创业者而言，无论是直接做新媒体，还是做广告投放，都应该明白其中的道理。

产品售卖过程中的数据造假

从信息传递到产品售卖，就不得不说到电商刷单，电商的“两大害”就是假货和刷单。电商商家一直在吐槽别人刷单，自己却在想着如何加入刷单大军；媒体和网络也在不断地放大刷单产业链，挖出各种坑蒙拐骗的信息。

刷单有两方面的原因，第一就是找平台的漏洞，找搜索规则的漏洞，让自己的商品更容易被用户搜索到；第二个就是做指标，投用户所好，一件商品上架后，没有销量、没有评价，不仅无法实现展示靠前，而且也没有人敢去下单购买，毕竟做“第一个吃螃蟹的人”是需要勇气的。

平台规则就是如此，尤其是那些新加入电商平台的商家，为了和老商家竞争，有时候就想走“捷径”。于是就有了所谓的电商代运营公司，或者营销公司，开始做刷单的业务。而商家为了销量则和这些公司合作。

刷单者认为不刷单就失去了和别人竞争的机会，失去了用户，却没有看见除了刷单之外，电商的每一个环节都有改善的空间，比如视觉效果方面、选品方面、产品和品牌的定位、店铺活动和官方活动、直通车和钻展技巧等。

2016年之后，很多人发现刷单并没有使自然流量增加，反而导致自然流量降低了。这些人平时不关注平台变化，也没有习惯去关心电商信息。

就淘宝而言，很多规则已经在打击单纯的刷单行为，更多的技术手段在把控刷单，各大平台对刷单的处罚也越来越严重。每次说到刷单，大家都能想到淘宝，其实这不是淘宝的专利，各大电商平台都存在。

网络上做电商的人一直在讨论电商的数据真假问题，尤其在大促的时候，讨论尤为激烈。比如2015年的“双11”，说里面有很多刷单，有很多商家因为刷单的问题被清退，也时常曝出一些刷单被骗的新闻等。也就是说，刷单是一件危险的事，无论是刷单从业者，还是商家都会因此而受到惩罚。

国内已经出现因为帮人大量刷单而被逮捕判刑的案例。刷单已经对商业环境造成了影响，因此法律会介入。其实很多电商平台都存在着刷单，或多或少都有些虚假的数据，有些平台容易暴露出来，有些则很难发现，所以用刷单来打击竞争对手是很不明智的选择。

平台在一定程度上可以控制刷单，改变一些规则就能抑制部分的刷单行为，但刷单的主角是商家，平台的控制力是有限的，就像“打假”一样，不可能做到尽善尽美。

交易数据的造假

当售卖过程中出现了刷单，交易的数据就是虚假的。这虽不足以说明很多互联网公司数据造假，从一定比例上而言，售卖过程虽存在造假，但仍然有一部分真实的数据存在。如果直接在对外公布的数据上造假，性质就不一样了。

图 5–2　被抬起的大数据

很多公司在公布数据的时候，喜欢公布销售同比增长翻了几番、某个品类增长了多少点，或者开展了哪个新的业务等，而对于公司的利润只字不提。这是一份对外公布的数据，是有盲点的，从这些数据里并不能看到公司的真实经营状况，也无法辨别行业的状况。

就像很多公司在融资的时候会把数据做得很好看，写得尽量规避真实状况。即使在融资成功后，也会把对外公布融资看作是一种事件营销，这就意味着里面会存有很多“包装”的成分，比如用户感兴趣的点是什么，听到多大的数字会有反应，会去尝试这种产品或者服务，因此，融资的真实数据和公布的数据之间就会出现巨大的差异。

当然，不仅仅是网络交易的过程中会有数据造假，传统企业的数据造假早就有了，俗称“走流水”，而且这个“流水”一般会相当大。

因此大多数人看到的一些公司的报表、一些机构的数据分析，都是不具有真实性、权威性的。我们该信谁？数据只是参考，最后还需要自己放下电脑，走出房间去观察，去亲身体验生活，去和人交流。

链接中含了大量的虚假数据

我们都说互联网是一个大的生态，这个生态链接了各种各样的小个体，只要能链接起来的，都可以整合成大数据。一旦一两个环节出现虚假数据，就会带动其他各个环节运用虚假数据来做匹配，那么整个链条就被污染了。

链接的好处是互利共生，无论是创业者，还是企业经营者，处在互联网中，就要看清上家在做什么、下家的数据哪部分是真实的？就像我们一直说的，创业路上，处处都是坑，每个人都是站在自己的位置上寻求利益最大化。

链接形成的生态，得出的就可以称为大数据了。将各个维度的数据整合起来，再通过数据处理技术，将有价值的数据进行提取分类，然后作为商业决策的参考，但这里的虚假成分只有那些拥有这些数据的公司才知道。

人能把控的东西，都充满了无限的变数。

如何制止这种虚假的数据

所有的数据在造假的时候，都可以理解为是在刷单。而刷单到底是一种什么样的行为？

对于电商人而言，对于刷单行为应该觉得羞耻，而不是引以为荣。曾经对电商经理人的判断有一个标准，就是会不会刷单，有没有刷单资源，那是在电商红利爆发期的一种投机行为，而不是真正的商业智慧。如果在今天还有哪个电商人以刷单作为资本，可以肯定地说那是一个伪电商人，就要重新衡量他的职业能力了。

刷单的本质是一种商业欺诈，欺骗合作方、欺骗消费者，刷单在刷销量、刷流量、刷评论，很多网购用户就是看评论下单的。刷单就是在欺骗消费者，诱导消费者做错误的决定。有时候你的客户需要的是流量——真实的流量，不是一个数据。

经常会看到一些在校大学生在网上求助，因为某某刷单被骗了，求解决方案。这种行为本就是做了骗子的帮凶，在没有了解一件事情的危害性时，就因为小利益去做了，知道自己欺骗了多少用户吗，他们受到的损失谁来负责？还没走出校门就干这种事，出了校门又会做什么呢？所以这种行为是不值得同情的，笔者曾经无数次在网上呼吁过，不要去刷单，不仅自己会上当受骗，还对整个商业环境造成了影响。

刷单造就了繁荣的大数据，数据的采集和分析是用来指导经济活动的，但是因为刷单，数据的真实性就要打些折扣了，同时给一些需要数据来做支撑的布局造成了不确定性。

刷单是一个时代的产物，会随着商业的发展而逐渐消失，但目前看来还需要一段时间，刷单已经呈现日渐消散的趋势，因为它已经影响到了用户体验，影响到了电商平台的发展，当平台格局稳定下来的时候，就要开始在用户体验上下功夫，不断地改善购物环境，摒除负面影响。

06

用什么样的标准去预判风口

任何事物都有判定的标准、有可参考的东西，掌握了这些标准，你也能预判风口。

风口就是一种潮流、一种当下的形势，往往在风口已经很热的时候，大部分的人才能感知到它，这个时候那些早期加入的人已经占据了先机，已经获利，后期加入的人只有花费较高的成本才有资格去追赶，甚至花了较高的成本也追赶不上。

与其说是风口，不如说是红利期。这几年我们所听到的电商、O2O、微商、自媒体、“网红”、直播这些根本不是什么风口，仅仅是一些代名词，是商业在某个阶段的一种短暂的表现形式。商业的运作方式一直没有变，它不是代名词、不是网络用语，它是一种趋势，一种连续三至五年甚至十几年都延续的趋势。

在行业大佬们的眼里，风口意味着一种趋势，一种长期的趋势，但在大众眼里，风口就是一种当红的概念、一种投机取巧的机会，似乎抓住了就能够一夜暴富。

一部分人的理论是这样的：微商、自媒体被认为是风口，道理很简单，在这些概念最火的时候，有人赚得满盆钵，他们追上了风口。从上文可知，这些新概念下的虚假繁荣有多么的昌盛，数据造假有多么厉害，而在这些概念中真正赚钱的有这么两部分人：一部分是靠坑蒙拐骗获利的，利用这些概念炒作，然后不负责任地坑害那些信任自己的人，比如微商的多层代理坑害下家，一层层地坑下去，而最后接盘的就成了最倒霉的；另一部分是那些认真做事的人，或是认真做内容，或是认真做产品，任何新概念出来的时候，他们只需加入，就能获益。

基于趋势的风口，大佬们的判断基本都是对的

在什么样的位置说什么样的话，并非贬义，在这个位置的人，对这个行业的判断是有效的，尤其是某个行业领头的几家企业的创始人，只是在外行人看来，他们是在标榜宣传自己而已。

京东创始人刘强东判断“风口可能不是在互联网，而是在传统企业”，这里能够看得出京东在2016年之后发展的方向：把传统行业看作今后的趋势。京东以自营电商为主，“京东到家”属于O2O模式，这两块业务和传统行业有很密切的联系，物流、服务、产品等都要依靠传统企业来实现，作出这种判断是很自然的，而整个O2O行业的重点就在传统企业。

百度创始人李彦宏判断“互联网即将迎来发展的下一幕，而推动其发展的核心动力，不是大数据，也不是云计算，而是人工智能”。百度是一家以技术为主的公司，这几年一直致力于发展人工智能，虽然少见大的成果，但在每一次的科技展上都有一些人工智能产品出现。

阿里巴巴创始人马云判断“数据将会是未来创新社会最重要的生产资料，人类将离不开数据；我们必须在数据技术的投入和发展上不惜一切地投入发展”。不得不说阿里云这几年的发展让业界大开眼界，其估值也是不断高涨。云服务、云存储等将会惠及每一家企业、每一个人，身在互联网、电商领域，甚至是创投行业的人都深有体会。

腾讯创始人马化腾判断“未来主体是传统行业利用互联网技术，在云端用人工智能的方式处理大数据”。腾讯更像是一个生态型的平台，因为有

了信息、有了人、有了支付等这些条件，可以将任何一种商业形态链接起来，传统企业、电商平台、O2O 等，都可以在这个开放的平台找到链接点。

所以笔者要说的是，每一个行业都有自己的趋势、自己的风口，别人的风口不一定是你的风口，他们说的基本都是对的，只是和我们没有什么关系。在新零售即将到来的时候，他们已经作出了判断，而且还告诉了所有人。

想抓住风口，要提前做好准备

很多人一直在寻找风口，等待风口的到来，或者是站在风口旁等待下一波的风口。其实这些媒体和大众呼声最高的风口，只不过是你创业路上的助推器，在这些助推器出现的时候，你最好是已经做好了充足的准备。

每一个行业都有自己三年、五年的大趋势，沿着这些趋势，认真地去做事情，做产品的认真做好产品，做服务的不断提高自己的服务水平，提升品牌形象，形成口碑效应，这些都是不变的真理。

我们很容易看到这是一个网络时代，是一个移动互联网时代，是一个社交媒体时代，总的趋势就是这样的，当你所做的事情遇到问题时，去寻找网络中的解决方案，不断地熟悉互联网，只要是能够提高自己收益的方式，都值得去尝试。

比如一家餐厅，当外卖平台风靡的时候，就可以加入，饭菜做得好不好才是用户后期持续购买的根本原因，并不会因为你加入了外卖平台，就能够实现一次腾飞。再比如一家做产品的公司，当微商到来的时候，迅速发展代理，在朋友圈卖货，用户买了一次后，并不会因为你是在朋友圈卖的货，或者朋友介绍的，后期就产生持续的购买，一定是因为你提供的产品很好，才会继续消费。

还有很多的例子可以证明，所谓概念性风口仅仅是促进企业成长的一个助推器、一个工具而已，前提是你已经做好了充足的准备，风口不会让你从无到有的。

高性价比、差异化、更好、更便捷的服务这些根本不是判断风口的标准。

笔者一直把高性价比的产品、更好、更便捷的服务，以及大家经常说的差异化这些概念归结到商业的基础上。

到了2016年，再去谈高性价比是竞争优势，已经没有什么亮点了，互联网让整个商业的大众消费品、大众服务，都透明化了，质量和价格之间的关系很明显了。高性价比应该是所有产品和服务的标配，而不是宣传亮点，用户有太多的选择，同款、同功能的产品太多太多，质量和价格相差不大，在很多标准品行业，技术已经很成熟了，大家都在用同一种原件、同一种工艺、同样的渠道、同样的促销方式。

至于更好、更便捷的服务，很多服务的差异也是不大的，尤其在大多数用户的感官上是体现不出来的，除非你的服务已经烂到了极致，比如网上卖货，大部分的选择是快递公司送货，大的快递公司就那么几家，各个地方的服务都差不多。除非你是专门做服务行业的，比如餐饮、娱乐、旅游等，服务上有很大的提升空间，但服务上去了，成本也将相应地上去。

所以说好的服务、更便捷的服务是有一个标准的，刚刚好即可，就是正常合理的、不干扰，也不会让人不舒服的服务。这也应该是同行业的一种标配，是必须做好的。

再说说差异化，不要轻易用差异化去宣传，除非你的产品真的具有差异化。差异化不仅仅体现在品牌不同、型号不同，更多的应该是体验的问题、功能的问题。而现实生活中却不是，因为缺乏创新，缺乏升级迭代的概念，硬着头皮去找差异化，改颜色、改布局、增加累赘的小功能，把这些标榜为差异化，根本没有什么意义。

几个简单的判断风口的标准

第一，是否满足了人群当下的某种欲望？

一个人的成功不叫风口，一种新奇特的产品不叫风口，一种新模式的应用也不叫风口，风口必须是有一群人的参与、大范围的参与，或者整个行业的参与，这个时候才能形成一种趋势，迎着这种趋势，伴随着这种趋势就会有新名词出现。

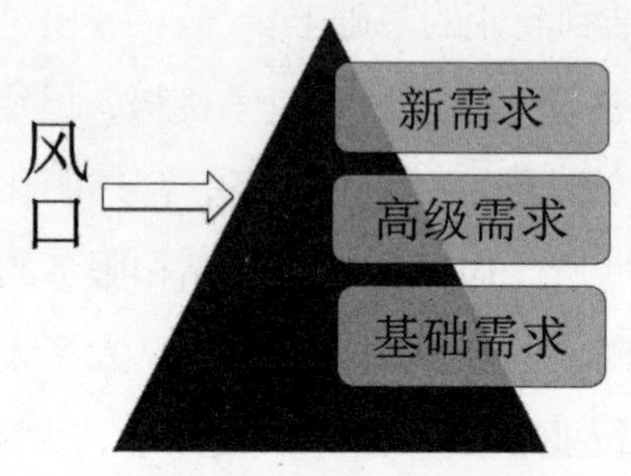

图 6-1　风口的需求

风口是人的某种需求在不被满足的时候，集体性爆发的体现，比如说直播，前几年早就有了，为什么当时火不起来呢？是设备的原因、网络的原因、人的需求等。前几年，人们还停留在看文字的阶段、看视频节目的阶段，交流只是停留在文字信息互动。慢慢地有了语音互动，紧接着就是比较及时的短视频。

后来大家发现一切的图片都是被美化了的，视频都是剪辑过的，没有了真实感，理想与现实差距太大了。到 2016 年直播的需求迅速增加，人们可以和心目中的女神互动，满足了很多人的真实互动需求、交流欲望等。于是，它成了一个风口，一种信息传递的升级。

但风口必然带来虚假繁荣，没有任何用户积淀的新生力量迅速涌入直播行业，只要认真观察，就会发现，观看直播的用户数量是锐减的，究其原因，有视觉的疲劳感，也因有内容的无价值带来的无趣。

人们在满足需求的同时，付出了时间成本和金钱成本。这种需求被满足后，存在边际效应递减的规律。

第二，服务是否可以链接到大生态里？

一种模式是否能持续，最后还是要看它是否可以链接到互联网的大生态里。比如 2015 年的互联网企业合并潮，在风口过后，一种模式集中在那么两三家企业，于是最终合并成为一家企业。原因很简单，多家企业同时存在则大家都不盈利，互相之间还有竞争，都在亏损中抢最后留存下来的那么点用户。

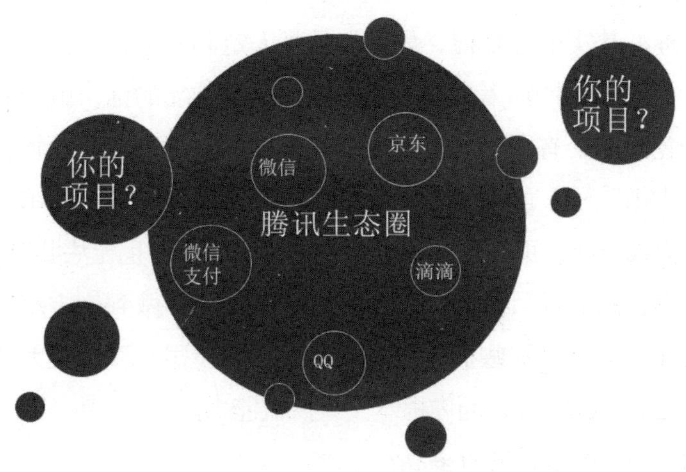

图 6-2　项目与互联网

比如滴滴、快的的合并，美团、大众点评的合并，世纪佳缘、百合网的合并等，都是在互联网业态里的集中化体现。一个行业风口过后仅存的硕果，需求不是没有，而是没有那么大，只是服务那么一群人，市场并没有想象中的大。

最后仅存的这么一家，还要链接到人们都常用的工具中，这样才能生存，比如腾讯投资的大众点评嵌入微信、滴滴嵌入微信。微信是网民必备的社交工具，又有支付系统存在，就是一个完整的生态链。

你要考虑的是追的这个风口是否最终会嵌入到互联网的大生态圈中，比如微信、支付宝等，如果不能嵌入则它独立存在的可能性有多大。

如果你仅仅是借助风口，需要的是加入这些正在风口上的平台，借助它们的力量，比如电商兴盛的时候去平台开店，自媒体兴盛的时候开始做内容，直播风靡的时候借助直播传播产品，这个时候你就已经处在了风口上。

第三，容易被复制的产品如何做?

你的产品到底有多容易被复制，如果模式很简单，谁都可以做，而且都是标准化的操作，这个时候就要认真考虑了，既然是风口，最后都会集中到一两家手里，如何跟大公司拼资源、拼资本?

这个标准其实很好掌握，你做的是私人定制的话，有自己的风格、自己的设计，就不用怕别人复制。如果做的是标准品的话，就会有很多人去复制，毕竟一定会有很多人去追逐利益，比如微商都在卖面膜，那面膜就已经“烂大街”了，面膜太容易做了，而且售卖模式也很简单。几百家直播平台，模式一样，页面一样，根本就没有差异化，也无法共存。

容易被复制的项目，最好的出路就是被收购，做到一定规模卖给大的互联网公司，尤其是那些拥有很多黏性用户的公司。否则在大公司加入的时候，将是一场收割战，而你根本没有抵抗能力。

第四，用户的依赖度有多高?

这里的依赖度指的是用户的黏性、重复购买率，以及对新用户的吸引力、获得新用户的成本。要分析用户使用的频次问题，以及是否有依赖。当在媒体热炒这个概念、资本都倾向这个方向的时候，是看不出来后期走向的。

资本追逐的东西并不一定都是对的，很多人被一些媒体、一些投资风潮给感染了，很难静下心来做一件事，做一款产品。创业者为了拿到投资，只能追逐资本的方向，至于对用户层面进行深层分析，则很难。

如果数据都是连续降价、连续补贴的结果，则不具备任何参考价值。用户的依赖度，是在常态的购物环境下才有的，比如你的产品利润情况保持着行业正常利润率，你的服务是在行业正常水平状态下，能保证自己盈利模式，在这种情况下用户还能产生二次购买、重复购买，不断地登录你的平台，你追逐的方向才是正确的。

第五，缩短不必要的消费时间。

不必要的时间消费主要在应用上，那些应用服务节约了用户的不必要时间，比如缴罚款单的时间、缴社保的时间、寻找娱乐场所的时间、搜索有价值内容的时间等。这些时间是为了解决问题，能缩短这些时间的应用都是有价值的服务。

至于一些上门服务，只要是这些服务里掺杂了生活社交，都只是特殊需求，不是必要需求，需求和频次都很少。比如上门美发、送菜上门、外卖等，这些事和生活方式有关。

必要的消费是可以满足社交需求的，如美发的时候可以约好友一起，美发结束后还可以逛街、吃饭。很多人买菜也是一种生活方式，和邻居一起，还能聊聊天、说说话。这些上门服务只是在特定的时间里、特殊情况下才会使用的。所以不是所谓的趋势，一旦风口没有形成趋势，就是虚假的繁荣。

07

消费升级不等于中产阶级的兴起

判定是否是中产阶级要看消费者的可支配收入情况。这方面数据的盲点太多，别成了一厢情愿的创业者。

在电商大平台格局已定的情况下，中产阶级的兴起成为行业话题，按照正常的经济发展，随着GDP的不断增长、人们收入水平的提高，应该会有大量的中高端收入群体出现，这部分人的消费能力将非常强劲，而且会区别于以前的消费状况。

从理论上来推演，毕竟大家有钱了，自然会追求更高品质、更高档次的消费品。创业者就有了新的目标人群，于是就出现了很多价格高于低档品、低于高档品的产品，打的旗号是“我们不卖便宜的东西，我们卖的是精致的东西”，为有品位的人提供定制的服务。

概念一经包装就会显得非常“高、大、上”：会员服务，只为会员提供服务；定制旅游，为懂生活的人量身定制；中档价格红酒，为有品位的人提供选择等。各行各业都冒出了一大批创业者，推出这些所谓的为中产阶级消费者提供的服务。

但几年下来却没有多少人能够成功，原因很简单，这种判断出现了失误。

消费升级与高价无关

消费确实在升级，但不等于让卖高价产品。它是将很多潜在的消费逐一地挖掘出来，让人们的生活更丰富。比如以前出国游很麻烦，现在越来越多的国家免签，费用也在回归理性，于是旅游就有了更多的去处和选择。还有打车方式，以前只有出租车，现在可以有滴滴、优步私家车。

人们可以轻松地在网上买到各种国外的食品，各种地标性的水果、特产等。生活中的替代品越来越多，不想玩这个，可以玩那个；不想吃这个，可以吃另外一个。这些都与价格无关，只是在同等生活水平下，选择方式变多了而已。这点一定要注意，替代是考虑成本之后做的事情，不是真的消费能力增强。

还有一种行为，就是将情怀强加到产品上，成为产品的附加值。除了品牌溢价之外，再加上情怀，还有名人背书，于是同样的产品，其价格却比其他产品高了好几倍，目标也是瞄准那些愿意为情怀和对价格并不敏感的用户，但这种方式已经背离了真正的用户体验，这种高价的产品终将会被淘汰，它们也不是中产阶级真正需要的产品。

在笔者的概念里，国内的中产阶级还需要再过10年才会大量涌现，现在的种种表现仅仅是“脱贫”的状态。消费者都希望买到更高性价比的东西，或者说买到与付出的金钱对等价值的产品。

判断中产阶级的时候，一定要看清楚以下标准

第一，收入增长仅仅只是一个参考。

在定位产品目标群体的时候，大家总喜欢用收入来定位，比如月收入在3000元以下的，在3000—6000元的，6000—1万元的，1万—2万元的，2万元以上的。根据这个收入档次，中档消费群体应该是在6000—2万元之间，有些人的定位可能认为月收入在6000—1万元之间属于中产阶

级。中产阶级每个月应该会花费2000—6000元在某些中高端产品上，理论上是这样的。

图 7-1　你推算出来的仅仅只是账面上的增长

可现实是什么样的呢？我们拿北、上、广、深这些一线城市做案例分析，收入在1万元左右的人随处可见，但他们真的是中产阶级吗？每月房租、水电费用2000元；买了房子的，房贷每月也要2000元左右；吃饭、交通费用每月1500元左右；按低端消费来算，生活用品、服装费用平均每月1000元左右；社交消费每月500元。这样算下来就6000元左右了，这是一般的生活水平，根本不算中产阶级。

按中产阶级的标准，一个月1万元的收入，其中住房费用3000元左右；得有辆私家车，每月油钱加养护费约2000元；吃饭以中档消费标准，每月最少3000元；生活用品少量使用是韩国、日本进口商品，或者比国产普通商品贵50%，每月最少1000元；服装不能太差，每月最少2000元；社交档次不能太低，每月有两三次“买单”的机会，也得2000元。算下来，已达1.3万元了。

这些算法里面还不包含每月孝敬父母、孩子上学的钱等，万一遇上亲人生病之类就无法预估了，所以基本可以肯定，目前一、二线城市中收入在6000—1.5万元之间的人，还没有能力成为所谓的中产阶级，而这部分群体也是目前甚至今后几年人数最多的群体。其实大部分人还处在3000—6000元的收入水平，从整个社会人员平均工资水平就可以看出。

第二，消费中高端的耐用品仅仅是理性消费的表现。

还有一个判断标准，就是看到中高端耐用品的消费者在迅速增加，就认为人们已经有能力去消费更贵的产品了。比如说，人们愿意去花几千元、上万元买一台彩电、一台冰箱、一台电脑、一只iPhone手机等。认为越来越多的人成为中高端消费群体，其实这种判定有些武断了。

这只能说明人们的消费回归理性了，一台彩电的寿命是10—20年，冰箱的寿命也是一样，电脑三五年，这些产品人们去买价高质好的，很正常，因为是耐用品，消费频次很低。就算是低收入者，也会考虑这样消费，至于手机，大部分的人都只用一两年吧。

但现实中，很多创业者把一些消费频次较高的产品定位成只为中产阶级服务，比如米面粮油、零食、服装等，还有一些垂直电商依靠的会员服务。那么，问题就显现出来了，现实给了这些创业者一个教训，理论上的中产阶级不多见，只有很少一部分，产品和服务做得高不成低不就，最后还是做成了大众消费品。

这种对市场判断的失误源于考虑到的因素没有综合起来，甚至给了一个过高的预期，就像很多经济学中的概念一样，只存在于限定一两个条件，且假定其他外界因素都不变的情况才能推导出来，而这种理想状态在市场经济中是不会出现的。

第三，房价越高，生活水平就越低。

在笔者看来，房子才是提升生活水平的基础，是消费能力的核心参考。无论是在一线城市，还是在二线城市，只要去除了住房成本，即使月收入在6000元左右，生活水平也能比收入1万—2万元的人群高很多。因为去掉的不仅仅是房租，还有心里的不安全感。

用一线城市的房价来衡量，城市外围的房价也有1万元一平方米了吧，买个80平方米的房子，也得80万元，而月工资1万元，年薪12万元，平均一年攒下5万元买房，要花16年。有的人说工资会涨的。的确，工资是会涨，其他消费也在增加。哪怕不在一线城市的话，去二三线城市，收入也会随之降低，带来的依然是一样的困扰。

所以会发现，在你的周围，和你拿一样工资的人，有房子和没房子是有天壤之别的，有房子的消费水平比你高一个档次还多。那么中产阶级何时会兴起？就是在大部分人不再为房子的问题担心的时候，而这个时候也会迎来经济发展的高潮。消费引领经济，一定是没错的。

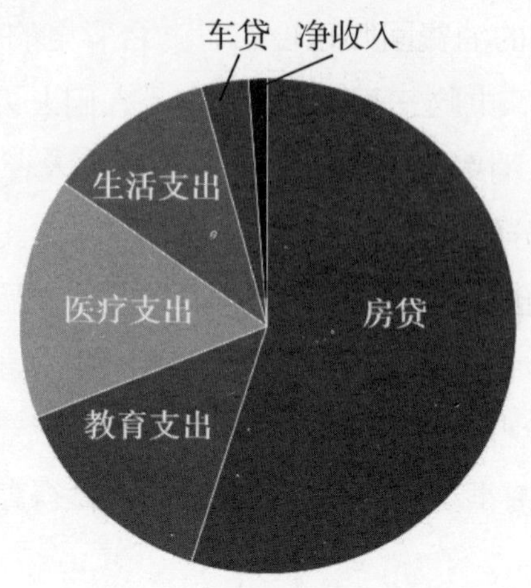

图 7–2　中产阶级的收支现状图

有了自有住房，再加上收入等级，才可衡量是否是真的中产阶级，如果还在付月供，没有属于自己的房子、车子，那么还只是一个无产者，距离中产阶级还有一大截，最后你会发现，房价才是消费水平的决定性因素。

2018 年，中产阶级还没富裕阶层的人多

从这几年来看，贫富差距在不断地变大，富裕阶层的人越来越多。低端消费者也是越来越多，即将成为中产阶级的人还在奋斗当中。中国的富裕阶层还有一个特质，就是那些富二代不是大家想象的那样败家，大多数都非常的努力，有时候还比中低端收入者更努力。

生活在一、二线城市的人，会有这样的感触：富裕阶层的人，他们在创业，在加班，在谈客户，在做投资，而不是只靠父母混日子。他们凭借自己的努力创造了更多的财富，当然他们也有很多天然优势，例如接受良好的教育，有更多的社会资源和人脉。但最终决定他们成功与否的还是自己的努力，这一点必须承认。

所以长期下去，富裕阶层的人会越来越多，而部分中低收入者由于各种因素，依然很难迈入中产阶级这个圈子。

中产阶级的标准是，有自己的房子，已经还完房贷，也有了自己的车子，已经还完车贷，月收入在6000—1万元之间。相比没有还完房贷的人，这部分人在社会上只占到百分之几，而还在租房的人就更多了。

消费理念的转变还需要很长时间

中产阶级的消费还和消费理念有关系。如果国内的中产阶级不把房子看得那么重要，或者有一个很好的医疗保障体系，那么依然可以撑起中高端消费的水平。我们不得不承认，大部分富裕起来的人，还处在外在的消费阶段，也就是用奢侈品来满足虚荣心的阶段。

还有国人传统的消费理念：喜欢居有定所，喜欢存储，不习惯提前消费，即使信用卡已经推广了这么多年，还只是停留在有多少钱消费多少的阶段。这种观念很难在短时间里得到改变，所以大家一定是先买了房子，再去提高生活消费水平。

另外一个消费理念就是回归理性，不会冲动消费，不会因为自己有了一个定位就去尝试，不会说是国外的产品就购买。大家在追求性价比，在追求质量，购物的时候也是在不断地对比。尤其是在科技不断进步、网络不断完善的今天，很多消费品的成本在不断降低，性价比也在不断提高。

那么价格已经不能体现消费层次了，但一些创业者还在用价格去区分产品，去定位人群。

精英阶层在聚集，资源也在聚集

一个明显的社会现象，就是精英阶层不断地聚集，各种人脉圈子、各种组织结构、各种生态圈，正在逐步形成。而在这些圈子里的，都是能力相当者，资产相当者，是能够相互帮助、支持、合作的一群人。

对于从底层开始奋斗的人来说，如何走进这个精英圈子呢？这些精英阶层才是真正的中产阶级，也是富裕阶层。没有人脉，没有资源，没有背景，就需要自己的加倍的努力，甚至十几年的奋斗，而大部分人可能一生都进不了这个圈子。

拿商学院这个生态来说，在商学院里学的是什么？是人脉，是资源，学习是其次的。商学院的门槛不是考试，而是人的能力，这些能力包括管理能力、知识结构、思维能力、财富能力等。无论是中欧商学院、长江商学院，还是马云创办的湖畔大学，每年的学费就得四五十万元到一百多万元，除了拥有那些能力之外，还需出得起这笔学费。

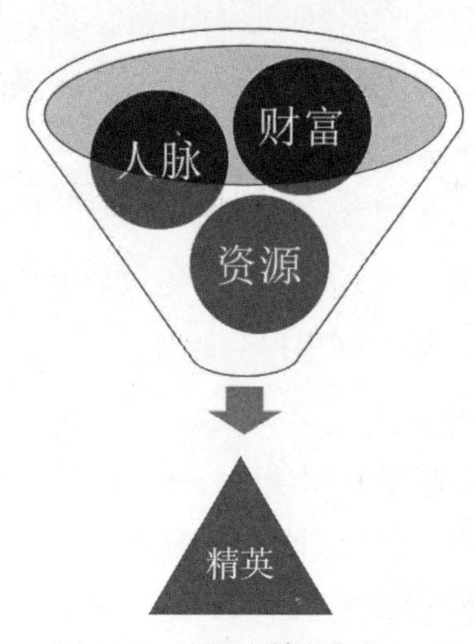

图 7–3　资源向精英聚拢

这些条件加起来，就基本符合精英阶层的概念了。加入这个圈子，无论是知识、个人能力，还是合作资源，都能得到很好的提升。互联网圈子就很明显，比如百度系公司、阿里系公司、腾讯系公司，每一个巨头所建立的生态圈，都包含很多行业的多个公司，有些是收购合并的，有些是投资的，还有一些是离开这些巨头创业的，都和这些巨头公司有各种业务上的合作。

而在这些生态圈之外的公司，面临着强大的竞争对手；同时，这个圈子之外的人，没有这么多的资源，起点就低了许多，需要花更多的精力、更长的时间去提升。

这种断层的形成，深层次的原因是知识的垄断、资源的垄断、人脉的垄断。这也是中产阶级很难崛起的一大因素。

中产阶级兴起需要再过十年

一个阶层处于什么样的状态才算兴起？最起码是社会上30%以上的家庭进入中产阶级消费才算。这群人就是现在的“80后”，再过十年，到2027年，第一批“80后”已经47岁了，房贷基本还完，消费意识也已经基本转变，这个时候再去谈中产阶级兴起才有可能。

今天中产阶级的占比仍然很低，仅仅只是处于一个开始阶段，由于各种原因，这个阶层的发展会比较缓慢，而且困难重重。

上文已经说了收入只是一个参考，可以说任何时候收入都是消费的一个参考，尤其是对于花在生活用品方面的消费预算，消费者一定是考虑其他方面的消费支出之后，再考虑生活用品方面的。但这几年却有很多人在创业时做起了中产阶级才能消费得起的商品，这些商品根本就不属于性价比很高的商品，也说不上多么的高端，大部分是进口商品，贴了洋品牌而已。

消费升级的真正含义是商品品质的提高。这么多年来国产商品，无论是消费品，还是工业品，产品品质都有很大的提升，但商品的问题还有很多，市场的净化程度还不够，很多时候存有劣品驱逐良品的态势，市场上的假货依然横行，这也是很多消费者对国外产品趋之若鹜的一大原因，这种情况也需要很长一段时间才能得到净化。

适合中产阶级消费的商品和服务都还在试验阶段。这是一个机会，市场还处在萌芽期，消费者信心的回归也需要很长一段时间，瞄准这部分用户的创业者，需要有一个长期的积淀。不要被目前浮躁的互联网大环境所影响，自己要考虑清楚，尤其是在获得融资以后，是否还能坚持为中产阶级服务，是否接受在几年之后才能够盈利？

08

剔除电商的唯销售论

电商是商业形态的变革，不仅仅是网络卖货那么简单，大批人输在了这个错误的观念上。

电商在很多人眼里就是做淘宝和京东，加入电商意味着开拓新的渠道，增加销量，增加利润，因此很多创业者和老板都走了弯路。互联网的生意模式在发生变化，不能仅仅凭销量去断定成败。新零售的浪潮来了，互联网技术已经将基础设施建好了，这个时候电商能做的事就非常多了。

很多做电商的朋友去传统企业工作过，但几个月后基本都离开了，能够做成功的很少。而且这些离开的人发誓以后再也不去传统企业做电商了，给再多的工资都不去。同时，传统企业老板也在抱怨电商人才稀缺，招不到合适的人才。

在传统企业老板眼里，电商就是一个销售渠道，做电商就是为了增加销量，这是亘古不变的商业道理。一个传统企业的老板能够容忍一个电商人做多久不盈利，或者销售不上规模呢？一个月、三个月，还是半年，超过半年的应该很少。传统企业在升级的过程中，一直存在这种困境。

这种思维是由长期的经营模式形成的，是一种惯性，而且这种思维曾经使他们的生意成功过，这不是一朝一夕能够改变的，这是一个时代的印迹，是很正常的社会现象，改变是很难的。即使有很多互联网电商的大佬一直在鼓吹互联网思维模式，但当他们真正地去创业、去做企业的时候，会发现传统的思维依然处于主导地位，他们甚至表现出言行严重不一的状况。

电商在一家企业的发展，不是一个部门的事，而是需要整个公司的变革、各个部门的支持，尤其是供应链的支持，特别是传统渠道的同步变革，然而传统企业老板能够做到的寥寥无几。

这就是唯销售论的思维，也是传统生意模式的惯性思维。

电商代运营的陷阱

传统企业做电商的思维，必然会让一些网络公司发现商机，他们会投其所好，开展电商代运营业务。抓住的就是传统企业对电商的盲目信任、对短期销量的追求。

这几年传统企业走了很多弯路，正是这种唯销售论的心理，导致了很多骗局的爆发。代运营欺诈案就是典型的案例，这是抓住了传统企业老板唯销售论的心理。你有怎样的认知，就会在怎样的认知上栽跟头。

比如一些代运营公司给出这种承诺：年保底销售额500万元。500万元销售额，多大的诱惑啊！对于那些刚涉足电商行业的传统企业老板来说，要的就是这种承诺，要的就是结果。三个月一个结果，半年一个结果，这个结果就体现在销量上，与公司的其他部门无关。

而一个有经验的电商人绝对不会给出这种承诺，因为他深知这个行业有太多的不确定性。销售不是一个电商部门，或者一个电商总监说了就能算数的。

当然，传统企业主也没有那么笨，他们也会去实地考察。但代运营公司早就做好了一切准备，比如豪华的装修、各种资质、各种奖励等，并且公司里设有淘宝运营部、天猫运营部、京东运营部等，看似一片繁荣。

在签署合同方面，一般是必须签一年的合同，首期支付十几万元，然后开始运营。前两个月装修下店铺，调整下页面，算是开始动工了。然后就会开始让你刷单，不断地刷单，美其名曰做搜索指标，大家都在刷单，你不刷就被别人甩在后面了。

接着又让你做直通车，做钻展，这些高额的推广费用可都不包含在服务费里。你以为将有很多销量的时候，结果每个月报表出来就那么一点，和之前差不多，代运营会以各种名义告诉你重点在电商大促，什么“双11”，什么“618大促”等，故意拖延时间，能拖一天是一天。

不是所有公司都能挨到一年的，也不是所有公司都能在没有什么销量的情况下，还一个月、一个月地给代运营公司交服务费的。大多都是合作了几个月之后，看没有什么效果，就不了了之，有合同在，也没法要回之前的费用。

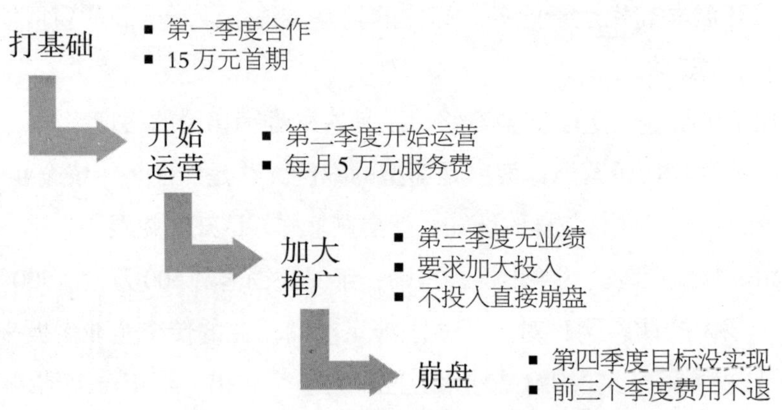

图 8-1 代运营的年保底 500 万元陷阱

这就是那些代运营公司玩的套路，骗取高额服务费，承诺的永远都做不到，即使有公司坚持了一年，但仍然有很多理由可以不兑现承诺。比如广告投入不够、产品有问题等。

对于消费品行业，除了销售，电商对企业最大的贡献就是品牌塑造

品牌塑造一直是每家企业都在做的，无论是传统企业还是互联网企业，都对品牌塑造有着执着的想法。以往是找一家品牌策划机构，一套品牌定位设计，加上传统的广告推广方式，如电视广告、报纸广告等“硬广”进行宣传。

而互联网最大的好处就是信息传递，就是宣传。这也是品牌塑造的利器，但大部分传统企业在做电商的时候往往忽视了这一点。要么建立一个新品牌，去做网店，避开和传统渠道的销售利益之争；要么经营同一个品牌，把产品区分开来做差异化经营，目的仅仅是为了销售。但当流量成本越来越高、电商平台各种推广成本越来越高时，就算有了销售额，或者说销售额越来越多，但利润却越来越低。

一些互联网公司也是一样，唯销售论，以单品为突破，凸显性价比。打着互联网思维的旗号，什么极致、口碑、快速迭代等，也都是为了吸引眼球，为了销售。可后期乏力，在这个迅速打造爆品的过程中，忽略了品牌的传播性。用户对于一个品牌的信任价值，远远高于对一个产品的吸引力，因为相信一个品牌，就会相信这个品牌旗下多元化的各种产品。

而一味地追逐销售，追逐市场规模，追逐一轮一轮的融资，品牌在这个过程中就被忽略了。当消费者失去新鲜感的时候，就意味着产品需要重生，但在重生的过程中，大部分的企业就消亡了。

有人说互联网也是一个推广渠道，可以通过各大网络平台搜索引擎等推送信息，把公司和品牌信息推送出去，但这样做还是不够的。互联网的一个最大的特征就是共享，对企业最有利的信息传递，把企业的信息、创始人的信息、品牌的理念不断地传送给用户。产品和服务都是可以提高用户忠诚度的东西，但重点在于传递的环节是要塑造品牌。

在传递信息的过程中，有没有输出产品的灵魂，或者输出创始人的经

营哲学，这是能否抓住用户心理的关键因素。能抓住用户心理的，一定是产品之外的东西，因为产品的功能、设计、包装等都能被人轻易地复制，但创始人的经营哲学、企业赋予产品的精神价值是无法模仿的。

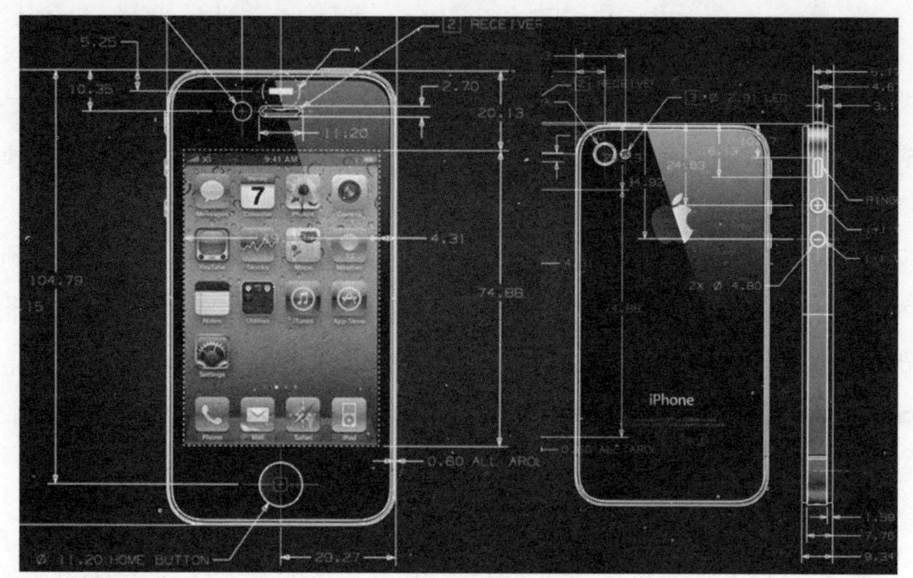

图 8-2　品牌，即培养用户的使用习惯

比如苹果手机，乔布斯赋予了产品简约的精神，以及追求极致的精神，在全球拥有大量的忠诚用户，即使在库克的带领下，苹果手机依然深受人们的喜爱，它已经成为一个真正的品牌。

能否成为真正的品牌，关键点在于这个品牌是否培养了用户的一种习惯，这种习惯是在使用产品的体验中不断养成的。对于苹果的 iOS 系统、输入法、页面视觉展示方式、各种按钮的位置等，它的用户已经养成了使用习惯，当换成其他产品的时候，用户会很难习惯其他产品的操作，此时用户已经脱离了最初的好奇心理和尝鲜心理，升华到了对品牌的忠诚。

这才是品牌，一个产品改变了人们的生活习惯、生活方式，这个产品才能源远流长。但这些年很多互联网的创业者在做产品的时候，一味地迎合消费者，总是想附和消费者的使用习惯，去模仿别人，而失去了个性，产品没了个性，品牌自然也就没有个性，这样的产品连存活都很难，更别谈去培养人们的生活习惯了。

这里说的消费品品牌的塑造，同工业品是有很大区别的，它的品牌传播比短期的销量更重要，口碑和重复购买率是其长久存在的核心。

电商将会成为企业的核心部门，再无传统企业和互联网企业之分

电商是个工具，互联网也是工具，无论是销售渠道，品牌塑造，还是信息传递，都只是工具，对于电商从业者或者生意人而言，这些都是有助于赚钱的工具，能够帮助企业不断扩大，在互联网时代更好地做生意。

所有的企业都需要互联网，都需要做电商，电商会成为企业的标配，但不是什么辅助部门、后勤部门，或者业务部门，而是企业的核心部门。企业的所有经营活动，都应该围绕电商部门，以后不会再有传统企业和电商之分。

企业经营有两个方面的重点，一个是解决销售传播问题，一个是解决运营成本问题，这两个问题都能通过“传统企业＋互联网”得到很好的解决。实体店可以销售，网店也可以销售；发传单和刷墙可以宣传，网络营销和内容营销也可以宣传；高能力人才可以解决企业用工成本，企业软件管理工具也可以降低企业运营成本。而这些方式无论是传统企业，还是互联网企业，都需要精通。

创业者最应该关心的也是互联网，通过互联网去解决产品问题、市场问题，以及团队的各种问题，因为只有互联网才可以将这一切链接起来。

09

免费不是王牌

互联网真的有免费的午餐，但已经不能将其当成王牌了，变了味的免费经济，大家都不怎么“感冒”。

免费就能吸引顾客，这是挂在嘴上的互联网思维，至于免费的互联网模式就有很多种，而利用免费模式成功的创业者非常少。互联网创业本身失败的概率就很高，在大环境的影响下，以及在与大互联网公司的竞争中，流量考验了一家公司是否真的能够生存下来。

淘宝用免费开店的方式吸引了大量的商家，后逐渐升级出收费的天猫、直通车、钻展等，打造了阿里的电商帝国；360 杀毒软件，用免费的方式几乎横扫了国内的杀毒软件市场，后陆续推出高级服务，以及延长产业链等；腾讯也是一直沿用免费的方式，微信、QQ 等都是免费使用的，然后推出会员服务、各种附加服务。

这些都是被人津津乐道的免费模式，但仔细研究，就会发现，他们都是将基本的功能免费，而这些基本功能完全可以满足大部分用户的需求，对于有特殊需求的，对于企业，都是收费的。同时也要注意，这些巨无霸的互联网企业，他们的免费做法，还停留在互联网发展的第一阶段，也就是 2010 年之前。

那个时候，用户对于免费的东西有着特别的期待，相对而言引流成本非常低，免费使用就可以了。当用户数量增加到一定的体量，里面总有一部分人想和别人不一样，有更高级的需求，这个时候就可以延长产品线，做一些附加服务，到今天，这些平台长期积累的大数据也是一个宝贵财富。

在他们的模式里，免费的背后就有盈利的方式，而不是大家一直认为的，他们就是提供免费东西的。没有弄明白背后的盈利模式，就简单地学别人用免费的方式去获客，是极不理智的。

免费不再是王牌

当到处都在免费的时候，你会发现，免费的东西基本都是垃圾，都是不值得花费一分一秒时间的。你告诉别人你的东西可以免费使用，根本就没有人理你，于是就衍生出不仅提供免费使用，还送小礼品，或者直接送红包。

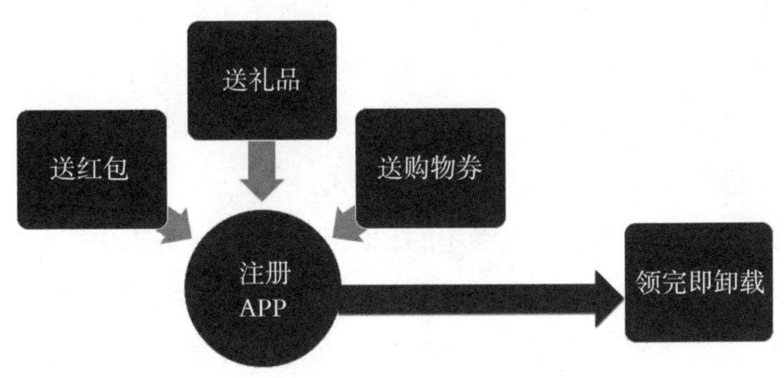

图 9–1　免费不再是王牌

移动电商创业最火的时候是在 2014 年，满大街都是让你下载使用 APP 的，每一家都在做注册送礼品的活动。这个时候大家关心的都是新用户，至于留存率、激活用户等步骤，就做得一塌糊涂，或者根本就没想过用怎么样的方式留存用户。

至于那些新用户，基本都是为了领礼品而来的，当场注册了之后，回去都卸载了。还有一部分新用户仅仅是出于好奇才成了第一批用户，但基本都是无需求的使用。之后，“免费＋礼品”也慢慢地失去了吸引力，用户对这些东西已经麻木了，而这些创业公司也没有那么多的钱去“烧”了。

免费不再是王牌，反而成了众矢之的，用户也把免费当成是理所当然，因为大家都免费，不拿白不拿，而且认为免费的东西都是没价值的，“烂大街”的，这种思维已经形成。所以到今天，再去强调免费模式的优势，已经没有了太多的意义。现在不再是那个靠免费就可以制胜的年代了，免费仅仅是一些功能的标配，是增值服务。

免费不是现在的互联网思维，而是生意的套路

现在的免费都是一种生意的套路，这里我们聊的套路没有任何的贬义，而是一套完整的、和免费配套的生意模式。

首先要澄清，那种想学淘宝和京东，对商家收费，对用户免费，打造一个电商平台的创业模式在最近10年之内都是不可能的了，因为淘宝和京东已经形成了真正的品牌，培养了用户的一种购物习惯，不是网购习惯，而是使用淘宝和京东的习惯，这种习惯在短时间里是很难改变的。

第一，基本功能免费＋增值服务的模式。

所有的商业模式都是可以参考的，但不能效仿。基本功能免费，指的是这款产品推出后，用户不用付出额外费用，所有人都可以正常使用。杀毒软件可以正常杀毒，社交软件可以正常交流，电商平台可以正常买卖，网游手游可以正常玩，这些都不需要付费。

但当涉及增值服务、附加服务的时候，就不一样了。比如社交软件中的QQ，想要更多装扮空间的模板，想更快地升级，就需要充Q币，因为用户需要的是特殊服务、更高级的服务，要付出额外费用。大部分游戏也是一样，可以免费玩，但装备比较差，升级比较慢，“打怪”也不容易，充值了后，就能选择更多的英雄角色、更好的装备，让自己更炫酷一些，这个时候就要付钱了。

这种模式还会持续一段时间，在一些行业里，用户已经习惯了有些东西免费、有些东西付费。如果产品不具备绝对的优势、绝对的吸引力，就想以同样的模式去做收费服务，这就有问题了。不仅用户不会买账，还会成为行业笑柄。

第二，免费专业知识＋卖产品或广告。

免费专业知识＋卖产品，其实就是在利用比较精准的流量做转化，但这里的产品是具有选择性的，必须是和用户分享的知识相关的产品，也就是“内容变现”。

比如罗振宇的罗辑思维，一直在讲知识，讲观点，积累了大量的“粉丝”，之后再对“粉丝”进行分类，提供价值更高的付费服务。同时为满足一部分用户对知识的渴求，卖书就成了最好的选择。这些服务都是基于用户的需求进行的分类，用户既然是来听知识的，这个时候去做和知识相关的产品就会有不错的转化率。

还有吴晓波频道，也是一样。吴晓波本身就是一个财经作家，出版过《大败局》《激荡三十年》等畅销书，已经拥有了个人品牌，再借助自媒体，利用专业的知识把用户吸引到自己的平台，形成黏性，然后再去做产品。

这种方式需要具备有一定运营能力的人加上一个非常不错的写手，内容以垂直类知识原创为主。对于个人来说，资讯类的内容是很难变现的，因为黏性很差，用户离开的成本非常的低。

从免费到收费是一个艰难的过程

依靠免费，甚至是补贴，吸引来的用户，付费的时候用户流失率会有多高？这个问题是很多创业者顾虑的，即使团队反复研究、反复调查，请战略顾问去预估，无论提前做了多少充足的准备，后果一定非常严重。

用免费模式打出来的市场，一个重点就是最开始的承诺。很多公司最开始的时候，为了获取用户，放大自己的承诺，不断地做出新的更多的承诺，后来发现自己并没有挣到钱，规模并没有产生效益，于是开始谋划，如何收费比较合理，如何安抚优质用户。

会有多少用户留存，关键点在于产品是否给用户带来了很好的体验，且收费占用户收入的多少，还有就是同类产品的替换损失率有多高。把这些因素考虑进去，基本就知道自己该如何决定了，吸引用户、积累用户需要几年，赶走用户只需要一个糟糕的体验即可。

这个转变比起在一开始就收费难得多，创业者会看到用户迅速流失，流量断崖式下滑，网络舆论也开始各种猜测、各种煽风点火，不仅仅是留存优质用户的问题，还有考验公关的能力，不亚于再一次创业。

图 9–2　艰难的跨越

比如有赞商城，以前叫口袋通，免费了三年，很多微商人、传统企业电商人，在这个平台开了店铺，在朋友圈营销卖货。官方统计有 1000 多万家店铺，有效店铺数量也在百万级别。2016 年 5 月开始计划要收费了，新商家入驻年费为 4800 元，对于老用户没有延长期限，却引来用户一致的批判。

笔者观察过微店的这类平台，如微信小店、微店、口袋购物、有赞等，最后对比下来，还是觉得有赞的页面设计比较好，购物流程、后台等都比较完善，这也是众多商家选择有赞的原因。这家公司也养了一大批的技术开发人员和产品设计人员，但近两年也是亏损严重。

“不盈利的企业是不道德的”，笔者一直深信这句话。如果企业不盈利，就不可能持续地创造出好的产品，持续提供好的服务。有赞显然已经不能再继续亏损，于是开始实行收费，面临的压力有两个：一个是舆论——用户的舆论，主要是那些每月销售量很少的商家，这类商家占据了有赞用户的大多数；另一个是来自竞争对手，显然有很多位居其后的对手，宣称自己永久免费，给有赞又补了一刀。

微店系统本身就是一个平台，从平台是否自带流量的角度来看，商家的转移成本是非常低的，平台没有流量，成交的地方可以是任何微店。当然很多微店平台宣称自己是服务商，不是平台，服务商就是要收取服务费的，同时不是平台自然不用考量流量。

商家却不这么想，从传统的商场连锁模式到实体店的选址，就是考量流量，再到电商时期，淘宝、京东自带流量，商家蜂拥而至。一时间，微商热火朝天，于是商家涌向了各大微店，在朋友圈营销，再引流到微店成交。

成交的地方和营销的地方是分离的，而且成交的平台并没有什么黏性，用户基本都是买完就走了。随着微商热度的降低，通过微店购物的人群也迅速减少，这个时候开启收费模式，很显然是不合适的，本身就没有多少留存，再加上一些成本，必定会赶走一部分商家，当然那些年销量十几万元、上百万元的商家，是不会在乎这些的。紧接着就是企业的转型，转型为服务商、产品技术开发商，进行二次重生。

当复制品出现时，该如何应对

互联网本身就像复印机一样，一种东西出来后，就会被迅速复制，而复制的成本几乎是没有的，同质化越来越严重，而最初的开发设计者如果无法在短期内获得巨大的利润来平摊成本，就会被复制者后来居上。因为他们省去了很多成本，不用想创意、想逻辑，没有试错成本。在价格上，在推广上，都比原创者更具有优势，复制者做出来的产品或者提供的服务，质量并不比原创者差。这和很多传统的服装企业、家具企业，复制后略微改动是一个道理。

比如2016年年初直播开始流行的时候，不到三个月时间，市场上就有近500家直播平台，每一家都有一个APP，直播是什么？它仅仅只是一个社交工具，微信以信息、图片、视频为主题与人沟通，而直播平台则比以往的社交方式更为直接，更为真实。

直播的存在很合理，是社交方式的升级。但从另一个方面看，直播仅仅只是社交的一种形式，而且比起微信、微博，使用场景有很多的限制，同时也有着高额的成本，如带宽成本、网红资源等。直播和普通的社交工具是一样的，市场上有那么一两家就足够了。

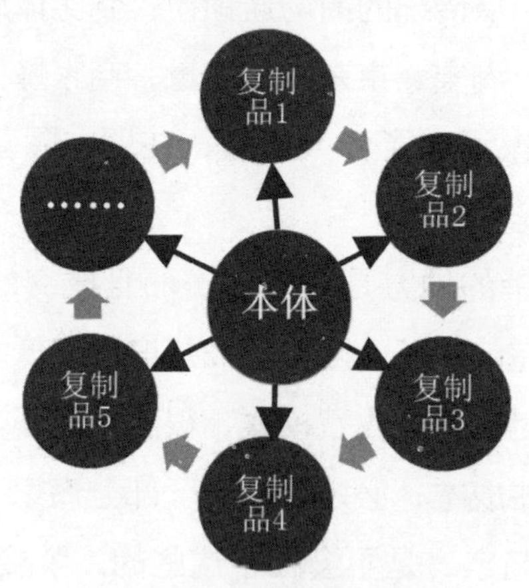

图9-3　复制的生命力

而且到2016年年底的时候，大量的直播平台已经消失，原因很简单，直播这种方式很容易被复制，而且复制成本很低。对手入门的门槛很低，最后比的是谁的资源更强、谁的资本更雄厚。很多直播平台都没有想清楚，当复制品到处都是的时候，自己该如何应对。

当平均成本几乎为零的时候，成本可以忽略不计，这是互联网免费思维最主要的经济理论，也被很多大的互联网公司所实践，前提是企业真的拥有海量的用户，可以把平均成本降为零，也就是每增加一个单位，成本就相应减少。

当复制品免费的时候，就要有快速迭代的能力

还有一种情况比复制品出现更为糟糕，就是竞争对手的复制品提供免费使用。你会发现，你的主营产品、主营服务，被别人复制后，免费了。你怎么办呢？该如何应对？

这个竞争对手有时候是同行竞争者，更多时候是跨界竞争者，互联网从不缺少这样的案例。

我们只针对互联网创业者，而不是针对大互联网公司、传统企业大品牌。在产品的复制成本非常低的时候，就要考虑是否有快速迭代的能力。拿服装行业来说，基本就是你仿我，我仿你，要么大家一起仿国际大品牌，如果你做的是原创设计，投放市场后，效果很好，就会在一个星期内被复制出来，对手既可能是体量级别和你差不多的，也可能是比你体量大几倍的企业。

这个时候就要考虑快速迭代的能力，能否两三个月出新品，将老款替代，或者迅速升级产品，让用户不断地有新鲜感。当复制者赶来的时候，你已经用这款新品赚足了利润，或者已经升级有了新产品，让复制者很难赶上你的节奏。

就像电影院的经营一样，人们会花大价钱去看首映式，会花钱去看最新推出的电影，但大家都知道，再怎么好看的电影，几个月、一年之后在各大视频网站都可以免费下载看，而且成本为零。之所以花钱去看，除了视觉上的差别、新鲜感，还有最重要的就是可以在朋友圈炫耀，有心理上的满足感。

10

创业者打标签、疯狂炒作背后的陷阱

“‘90后’创业融资千万元”“‘00后’创业融资上亿元”“大学生辍学创业”“高中生辍学创业”，这些标签消耗的是青春。

经常会看到这种标签：“黑马”“95后”“98后”创业新星获得几千万元融资，估值超过几亿元。在互联网的世界里非常容易给这些新兴的创业者打上这些标签，然后就是吹捧其各种的与众不同、各种的特质，媒体、投资人、网友为其欢呼。

可几个月之后，这种项目的存活率几乎为零。然后媒体就开始大肆渲染，什么昔日巨星的陨落，什么天才少年跌落神坛等，这种例子到处都是。

不知从什么时候开始，人们对特殊的成功非常感兴趣，也就是那些看起来不会成功的人、不会成功的项目，最后出其不意地成功了，并获得了人们的广泛关注。辛勤耕耘十几年才成功的，没人关注；500强企业的高管离职创业，也没有人关注，人们的目光都聚焦在了那些比较神奇的人身上。

比如创业者的年龄越小越好，项目越不寻常越好。拼的是谁更会讲故事，产品没做出来，先把做产品的过程包装起来，从诞生、成长到落地，每一个步骤都有一个深刻的故事，引起人们的好奇。

互联网创业讲的是年轻化、观念思维超前，因此追捧年轻人就成了时尚。越年轻越好，从追大学毕业生创业开始，到大学生辍学创业，再到2016年开始吹捧高中生创业。这些年仅十几岁，刚刚走上社会，或者本应在学校深造的人，在全民创业大潮的吸引下，走上了创业这条路。

他们凭借某个想法、某种创新的模式，拿到了融资，得到了很高的估值。创业到了这一步，也可以认为是成功，可是在后来的公司运作中，在资本的博弈中，这些年轻的创始人没有任何经验，能否抵挡得住利益的诱惑，能否胜任CEO的职位，有太多的不确定性。

投资人、媒体都在吹捧少年创业者有天赋，有商业运作思维，事实上这些东西都没有被证实。在运作小团队的时候，商业运作、管理等根本体现不出来。青少年有天赋，但没有得到锻炼，也就是没有实践过。商业运作对于经验尚浅的人来说是很复杂的，不是请一个职业经理人就能搞定的，也不是只专心自己的特长就可以了。

笔者相信这些人在创业的时候，项目确实是好项目，当时这些创业者的能力也是没有问题的。可就在众人把他们捧得很高的时候，问题就出现了，捧得有多高，跌倒得就有多惨。造成这种快速陨落的现象有诸多的原因，大多都是由于没有经验，这些原因是值得创业者们警惕的。

很多人认为只有同龄的人最了解同龄人的需求，这些青少年最能了解青少年的购物需求，于是一边倒地支持这些人创业。这个判断准确吗？有没有考虑过，“80后”“90后”正在创造这个世界，他们走在这个社会的最前列，奋斗在一线，同时也在陪伴这些没毕业的年轻人一起成长，他们难道就不知道青少年喜欢什么吗？

是否了解人群的喜好不能仅用年龄去界定，尤其是对于12岁以后的人群，我们只需要去观察，去调查，就可以了解他们喜欢什么。同时也要明白，没有一个人可以代表一个年龄段的人，他只能代表自己，所有标榜自己最了解某一类人，可以代表他们的言语，都是在忽悠，是出于宣传项目的需要。事实上，连他们自己都不相信自己是真的了解身边的人。

最后受伤害最大的还是这些年轻的创业者们，从英雄到失败者，没有经历过多少挫折的他们能否依然坚强？要清楚那些当初把他们捧成英雄的人，在他们失败的时候，依然会是发声最响的人，或是惋惜，或是质疑，或是声讨。失败之后，各种媒体和网友都会将年轻的创业者的缺点，犯下的错，不断地放大，这个时候所有的压力都得创业者承受。

在最应该学习的年纪选择了创业，在最应该积累社会经验的时候选择了创业。这些都是不应普及的，不值得大家去学习的。

以“博眼球”的无底线炒作，掩盖项目的问题

只要打上年龄的标签，尤其是什么“高中生辍学创业”“大学生辍学创业”“‘95后’创业”“‘98后’创业”（好像“00后”也已经开始创业了），都会博得大众的眼球。也不知道从什么时候开始，辍学成了光荣的事，难道是被国外的几个辍学创业成功的案例给感染了？

大众被迅速吸引，原因很简单，毕竟大多数人走上社会，混了这么多年也没有创业成功，甚至没有创业的机会，更别提什么身价过亿元了。而这些还未真正走上社会的人，竟然创业成功了，还得到了融资，身价过亿元，怎么能不让人羡慕呢？

图 10–1　新标签

十几年前，大家还在为百万富翁喝彩，到了2016年，似乎只有家产上亿元才能引起大家的兴趣，融资几百万元、几千万元，已经不再是什么新闻了。只有脱离大众，身价过亿元，才会被众人捧起，才能被称为创业新

星，自带流量。于是，站在三尺讲台上，多少创业者说了违心的话。

紧跟着的就是各种媒体。媒体需要流量，抓住了大众的这种心理，各种标题党、各种夸张、各种噱头，都出现了。媒体为的是传播广度，获得大众的欢心。创业者也需要万众瞩目，需要流量，需要获得目标用户的认知。于是创业者配合媒体，开始搞各种推翻常理的噱头，只有反常理，大众才会去看、去尝试。

媒体不断挖掘各种新奇点，就算没有也要制造出来，创始人也配合媒体一起炒作。一旦拿到融资，就要炒作投资人的眼光了。投资人也开始不那么低调，这两年各种投资人频现，开始走上了大荧幕，为自己投资的项目站台，为更高的市值努力。

最初这种炒作还是很有效的，最起码少了很多的广告费。但有些创始人却热衷于这种炒作，他们把放荡不羁和自由散漫当成是创新，当成是一个时代的标签，用舆论去掩盖项目本身的问题、产品的问题、管理的问题、服务的问题等。

勾起用户的好奇心，不是真正的需求

人都有好奇心，容易被新奇特的东西所吸引，进而去探索，去尝试。可当他们发现了真相，尝试过后，新鲜感就失去了，那么还会再次购买吗？

这就是一个大问题，好奇心的商业价值到底有多高？好奇心能够持续多久？依靠大众的好奇心去消费，要看是否能持续推出具有创新性的产品，让用户再次购买。而且因为好奇去消费的产品，大部分都不是刚性需求的产品，替代成本很低。

商业运作玩的是细节，炒作就已经把这个项目和整个产品提到了很高的位置。在大众的心里，走在聚光灯下的人创造的一定是神一样的产品，会带来神一样的体验。信任的是创始人，这很符合互联网时代的消费理念，可是此刻创始人的高度和产品应该是在同一级别，大部分创业者是做不到的，只是为了自己出彩，背后的产品和服务却没有跟上。

这个时候用户去体验产品，是抱着很高的期待去的，他们带着激动的心情，被创始人的故事所感动，被做产品的过程所感动，这些都是从媒体上看到的。如果和期待值相差甚远，用户会非常失望，这种挫败感不仅仅只是内心的抱怨，或者不再使用这个产品、离开平台，还会被释放出来。释放的方式就是通过网络平台发泄真实的情感，抒发真实的体验，进而放大这种挫败感。

尤其是那种爆发式的炒作，会产生爆发式的流量涌入，体验不好就会导致爆发式的负面信息、爆发式的用户流失。这些商业道理很简单，但是很多涉世未深的创业明星并不懂，或者只是为了短期的效应，低估了将会产生的负面影响。

资本入局之后，创业者很难掌控节奏

拿到投资后，很多创业者就失去了初衷，不知道该做什么，之前想做的事情、定位的市场、定位的人群，都会随之改变。因为资本的催促，开始不断地扩大宣传力度，不断地引流，上规模。认为规模大了就能够迅速成为一家了不起的公司，能迅速赚钱。

因为资本留给创业者的时间不多，公司需要盈利，就难免急功近利，很多事情自己就无法把控了。这也是笔者一直说的，如果项目能够盈利，借助资本的时候一定要保持好自己的模式，不要被资本牵着鼻子走偏了，或者当项目能够盈利的时候，不要急着去借助资本。

拿到融资并不是什么好事，资本对投资回报是有预期的，也是有时间表的。尤其是国内的资本市场，还处在起步阶段，不算是一个很健康的市场。

资本走向前台，为公司宣传，为创始人站台。很多时候这些投资者表现得很奇怪，像是在为自己宣传，尽力地表现自己的眼光、自己的专业态度。不断地塑造个人品牌，包括投资人自己，而不仅仅只是项目，因为在互联网时代，不仅创业者需要个人品牌，投资人也需要，投资机构更需要。

既然连投资方都出来站台了，创业公司怎么可能没有动静呢。他们既要配合投资方，也要加紧节奏，扩大宣传力度。

还有一个问题，就是这些年轻的创业者在和资本打交道的时候是没有掌控能力的，投资者大部分都是在商场上混迹多年的老将，深谙其中的道道坎坎，如财务、法律、项目的风险性等。他们见过各种项目、各种创业者，对人性的把控、舆论的把控、项目节奏的把控，都有自己的方式。

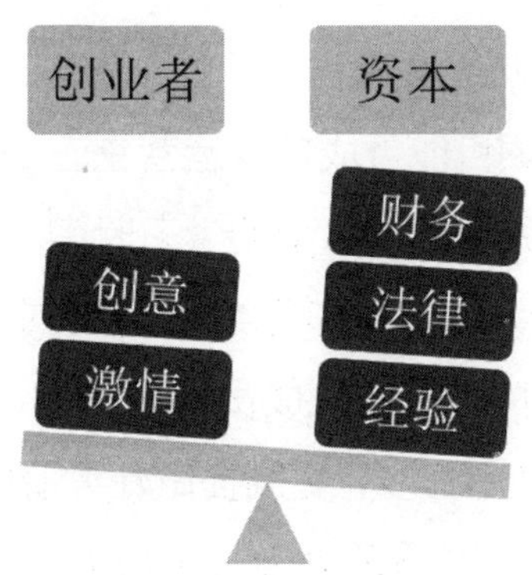

图 10–2　创业者和资本是不对等的

投资者遇到各种风险都有自己的解决方式，包括出现重大纠纷时，如何将自己的风险降到最低，如何规避一些风险等。但这些年轻的创业者不一定很懂这些，只觉得拿到了钱就是好的。

对于资本而言，一个项目的失败是很正常的，投资界每一个投资人都有无数失败的案例，投 20 个项目，有一个成功的就很不错了。投资项目失败没有什么大不了的，而且有些项目是失败了，但在项目的操作过程中，配合项目的炒作，投资机构被大家所熟知，投资人被大家所熟知，有了这些影响力，对于资本而言，项目就不算失败。

但对于年轻的创业者来说，就不是那么回事了，一旦失败，代价是非常大的，首先是心理上的打击，自己倾注的所有心力付之一炬；其次，二次创业的成本会非常高，再去工作需要很大的勇气。

一个年轻的创业者的管理能力是有待考究的

一个没有任何工作经验的人，如何管理好团队，尤其是在公司迅速壮大的过程中，是值得慎重对待的。笔者不相信一个大学还没毕业就创业，或者一个十几岁就创业的人，能够管理好一个几十人，甚至上百人的公司。或许创始团队就那么几个志同道合的人，创业者能管理得很好，但规模扩大了之后呢?

这里说的是迅速壮大，身在互联网的创业环境中，学习管理、沟通、协调的时间很少，一个项目能否成功，运营三五个月就见分晓了，哪里能等到一年、两年之后，哪里有这么多的学习时间。尤其是新兴的被炒起来的明星创业公司，对公众的吸引力不会太强。在拿到投资后，迅速扩展的三五个月里，加上人员招聘、团队成员自身磨合，创始人和团队的沟通、管理方式等很难达到默契的程度，更别提做好事情了。

就拿一家普通的互联网公司来说，一般有几个大的部门——技术部门、产品部门、运营部门、市场推广部门。比如技术部门，如果创始人不懂技术，就很难督促进度。如果有个合伙人懂还好，如果没有，一个很简单的东西可能就得花上十几、二十天，还问题一大堆，但是换人又会花更多的时间。

有些工作一个人就能完成，但不知道工作量真的有多大，其他部门也会提出各种要求，最后就不得不养一个庞大的技术部门。这种情况在很多互联网公司都出现过，多找几个曾经创业过的前辈聊聊，或者去创业公司体验下，就知道这种情况有多严重。

再说产品部，如果做出来的产品用户体验不好，页面感觉很难看，就得一遍遍地调整。市场上的产品经理很多。在2010年之前，“产品经理”这个名称还没多少人知道，但7年之后，产品经理就已经“烂大街”了。每家互联网公司里，基本都有几个产品经理。在产品经理遍地的今天，找个合适的产品经理，却并不是那么容易了。

单个部门还好管理，要涉及多个部门之间的协调配合，就不是那么容易了，要不然，管理怎么能够成为一门学科呢。这个时候，就要求创业者能够迅速提高自己的管理能力，但资本和市场不会给你这么长时间，创业者的成长压根跟不上项目发展的速度。

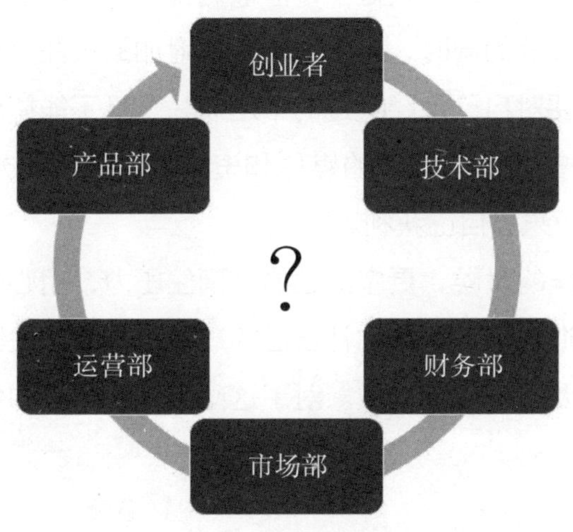

图 10-3　管理中处处有坑

笔者一直不看好一毕业就创业，更不看好辍学创业。目前的互联网电商领域很浮躁，玩眼球经济的，基本都是昙花一现，没有几个创业者能够做到不断地吸引眼球。本身在这个年纪出来创业就已经站上了快速跑道，加上资本和媒体的助力，就基本进入飞的阶段了。路还没走稳的时候怎么能跑快，更何况是飞呢？

炒作是三方获益的事，但创业者背负的责任更多

这三方就是媒体、资本、创业者。媒体找到了宣传的噱头，吸引了用户的眼球，带来了阅读量，无论是电视、网络还是自媒体都获益了。资本也一样，投资的项目在万众瞩目之下进行，自己名声在外，项目本身也获得了用户，为项目的盈利又多了一层保障。对于创业者而言，也是好事，

用户来了，就意味着有了一个好的开始。之后就是背负光环，背负更多的责任，创业者做的不再是一家自己想做的公司，而是在大众的关注之下受制于多方的运作，要成为大众期待的那种非常成功的公司，这个时候即使再去谈初心，也面临很大的压力。

媒体和资本在炒作中都获益了，但他们背负的责任很少，而创业者则不同，炒作带来好处的同时，又带来了很多附加的责任。也就是大家常说的被名声所累，要对自己曾经吹过的牛还债。一旦不能兑现，就成了众矢之的，这个时候曾经一起炒作的媒体和资本不会雪中送炭，只会添油加醋，再炒作一把，只为自己获利。

创业者在炒作的时候，更应该做的是顶住压力，用心去做产品，做服务，把供应链打造起来，不断弥补自己的短板，这才是关键。任何创新型的项目最终还是要回归商业本质。对于这些被炒作起来的创业者而言，只是锦上添花的事。

创业路上处处都是坑，切记没有捷径可走

假设产品非常不错，运营模式非常好，创业项目也非常不错，但创业路上还有很多的坑，是创业者没有遇到过的，也是无法预测的。

比如，开一家公司需要一处办公场所，租赁办公场所的过程中有没有坑呢？肯定是有的，各种中介施展各种套路，不过租办公室这件事可能还是“坑”你最少的，最多一个月多几千元成本。

招募创业团队比租赁办公场地的坑深多了。例如，招聘职业经理人。很多职业经理人混到那个位置，基本不会做什么具体的事了，而创业公司需要的是会做事的人，不是纯粹管理型的人才，尤其是对于一些带有特色的项目来说。

一部分职业经理人最坑人的地方，就是熟练很多与工作无关的能力、各种推诿的技巧，各种的打太极、磨洋工。就算创业者明知道这个事没做好，是他们的错，都找不出理由。这个从一些做过多年的职业经理人自己

出来创业，就能看出来，他们管理经验很足，深谙职场之道，讲起理论来一套套的，似乎很有眼光，洞悉商业运作中的各种问题，但运用到自己创业的公司上，就很无力，说的东西，往往做不到，因为他们明白，这些一指捅破天的大道理，其实没什么用。如果真的这样去做的话，就乱套了。的确，有些人还真的用了，结果都是无所事事，什么效果都没有。

比如，很多职业经理人看到了烧钱引流对项目基本没什么帮助，于是就一概而论，把这个问题看得很严重，把烧钱引流和市场投放混为一谈，还不断地批判市场推广。于是，自己创业时就时刻警惕着这个问题，坚决不做市场投放，不做广告宣传，深信内容传播、精准营销等。实践着“做不花钱就赚钱的生意”，把精准营销实践到了极致，可仍旧失败，问题就在于没有结合自己做的项目，自己所处的创业环境，以及市场的真实需求。

再谈谈供应链、采购、推广等，不了解这些的创业者就更惨了。如果你不懂，很容易被员工轻易地忽悠，而且是组团忽悠。写到这里笔者深有感触。笔者创业过两次，第一次创业之前做过业务、采购、电商，深知混迹这些行业的前辈们都是如何操作的。

给一个简单的判断，当发现有些产品的毛利开始大幅度下降的时候，表明问题已经很严重了，再到毛利几乎为零的时候，去查采购人员，深度地调查他们和供应商之间的关系，一定会查出问题的。公司的经营状况不佳，除了市场大环境的问题，基本都是人的问题。

外部还有哪些坑呢？比如战略合作、融资、大项目合作等，都是双方博弈的过程。和这些人过招，会发现，他们有很多方式明修栈道、暗度陈仓，分分钟让你落入坑中。

11

规模不经济

规模经济这种生意模式有如雁过拔毛，早已远去，互联网进入了深耕细作的时代。

规模等于效益，这个误区一直存在。很多人把没有成交归结为人太少，人多了自然就有成交，所以把主攻目标放在吸引流量上。而这些流量会留存，仅仅是认为用户会有黏性，会有使用习惯。虽然很多需求是真实存在的，但其替代性很强。

规模经济本身就是经济学中的基本原理之一。亚当·斯密算是规模经济学的鼻祖，这一原理在其《国富论》中被提出，后经过经济学家马歇尔完善，在其所著的《经济学原理》中有详细论述。规模经济是指当在一定时期内，企业产品的绝对数量增加时，其生产的单位成本会降低，也就是说在企业不断扩大规模的时候，其平均生产成本会不断降低，因此企业的利润会有所提高。

规模经济学也被广泛用于企业的合并、收购中。合并之后的企业，规模会扩大，所有资源会得到更好的利用，机器等的更新改良也会变得更有效率，生产成本会进一步降低等。但这些条件都是建立在传统的商业运作模型上的，产品可以保证一定的利润空间，是一种理想的自由竞争市场，这种理论的实现，需要条件支持。

时代不同、环境不同，规模经济的模式就不同

沃尔玛曾经是零售行业的标杆。超市的竞争非常激烈，同个商圈里，会有好几家超市，用户会去哪个超市消费，拼的就是价格、对毛利的控制——一件商品赚几毛几分钱，价格要比对方低，还要保证一定的利润。

这就需要有一定的规模：超市布点要足够多、采购量要足够大，这样竞争就更有优势，规模的优势也就凸显出来了。几毛几分的利润，规模做到百亿元、千亿元、万亿元，利润就出来了，这类快消品的利润，都是玩供应链玩出来的。

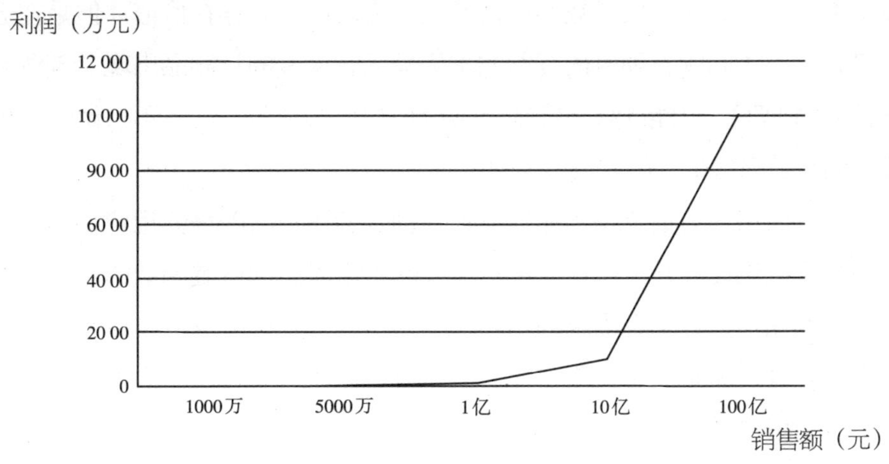

图 11–1　规模经济利润

到了 2016 年，规模经济是否还适用，就要重新评估了。一部分先行的互联网公司，成为巨无霸，他们有着海量的用户，随便做一个项目，或者复制一个项目，就能赚钱，人们看到了规模经济的魅力。这种对传统行业里的运作模式的运用，对互联网企业而言是如此的有效。

总有人这样去做对比：QQ 有 6 亿多用户，每人每年收一元钱的会员费，一年就是 6 亿多元；淘宝每年销量数万亿元，若有 1%的提成，就有

100 亿元。他们认为这些都是因为有规模，才能产生的效益，所以自己在做互联网的时候，一定是先扩大市场规模，在这个过程中不赚钱，亏本拉用户，当用户足够多的时候，做什么都能够盈利。

但可知 QQ 和淘宝这种类型的公司，已经培养了用户的生活习惯，人们习惯于在这些平台上消费、交流。也可以说这些平台改变了用户的生活习惯，它们在互联网发展的早期是以比较低的成本获取用户的。目前对于这些平台而言，每一位用户的成本几乎为零，一些特殊的服务早就将成本抵消掉了，它们都有自己盈利的模式。

混迹互联网的创业者都在抢用户，没有任何一个创业项目是不缺用户的，抢用户必然会涉及利益诱导，而利益诱导就需要资金，需要不断地融资、砸钱。2014 年年底的时候，大量的 O2O 项目破产，能说这些项目本身没有需求吗？不能，大多数的项目都是有需求的，有存在价值。但是在运作模式上出了问题，项目的复制成本又极低，大量的复制品出现。创业者在这种情况下，只能继续“烧钱”去抢用户，去竞争，已不再是做一份事业，而是追逐融资，依靠资本输血。

一方面用户数量急剧增加的时候，创业者还没时间培养用户，另一方面用户已经迅速离开。因为“烧钱”补贴本来吸引的就是闲散的过客、追逐利益的用户，真正有需求的用户却没有得到很好的服务。创业者时常自我安慰：等规模做大了，用户变多了，就可以赚钱了，就不必再用利益去诱惑吸引用户了。

的确，规模扩大，盈利方式也会变多：可以收取广告费，可以扩展产品线，提供高价值会员服务等。此时，产品和服务的利润就会回归，可实际上大部分的企业还没有走到那一步，就陨落了。

规模经济的创业模式，不值得任何创业者效仿，那是大公司玩的战略游戏。一些创业者在总结创业失败的时候，总有那么一条，就是融资环境恶劣，没有拿到下一轮融资。这完全是在推脱责任的托词，很少有企业可以仅靠一轮轮融资维持下去的。

扩大规模与盈利之间没有必然联系

由小规模做起，从某个城市做起，项目本身是盈利的，盈利模式没问题。可在拿到了融资之后，就乱了阵脚。盲目地去扩充渠道，做供应链，扩大团队，最后弄得一团糟。因为小规模的盈利，是不能满足资本对盈利的期待。

每一个创业者都想把公司做大，然后再让它变得足够好，于是扩大规模赚更多的钱，就成了一个短期目标。但能力是否撑得起目标，成了问题。规模和盈利之间的联系，并不绝对，规模扩大意味着各种成本的增加，同时，各种不确定的风险因素也在增加。

比如扩充一个团队，这个新组建的团队不可能在短时间里稳定、高效合作；扩充一个渠道，就会增加各个后勤部门的压力，牵一发而动全身。

很多人喜欢探讨京东虽然一直亏损了这么多年，却在亏损中不断扩大，看不懂京东的商业逻辑。京东上市前是连年亏损，上市后亏损得更多，但依然深受资本的恩宠。分析一家企业不能简单地去看一些结果性的数字，而要看亏损在哪里，哪里盈利了，哪里投入了更多资本？

分析 2015 年京东的亏损情况，关闭拍拍网无形资产的处理是亏损的，重点投资京东到家和京东金融是亏损的，但这两个是前期项目，一定是不盈利的。一年投资项目近百亿元，包括永辉超市、饿了么、天天果园、途牛、金蝶等，对于这些生活类电商的布局，在于打造自己的生态圈，投资是要花钱的，把这些投资算进去，当然盈利不了。

这个时候就要看盈利模式了，京东的主营业务是自营电商，从财报上看，自营电商盈利颇丰，在不扩大规模进行更多投资的时候，一定是盈利的，所以京东的盈利模式是没有问题的。另外，就是现金流充足，京东上每天都有大量的交易，这些钱都有一个账期，在账期内这些现金就能充分发挥它的作用。

到 2016 年第三季度的时候，大家再看，京东盈利了。“亏损王”京东怎么就盈利了？那不就是规模经济盈利的结果吗？但京东只是一个特殊案例，它所拥有的条件是大部分创业公司都不具备的，比如资本的预期，在其亏损多年间，市值仍在不断地提升，以及京东的战略布局、物流布局、自营布局等战略眼光。

再加上其和腾讯合作，微信端的流量正在释放，毕竟微信是一款社交软件，流量需要去培养，需要千万商家去转化，在社交软件上进行购物的习惯也需要时间去养成。移动端购物的优势也正逐渐显现，所以京东做的是规模经济下的盈利模式，规模在不断扩大，盈利是可以预见的。

所以一家初创公司，用京东作类比，风险太高，变现期太长，而且大环境也不允许。

重点是模式盈利，而不是规模盈利

资本市场开始冷静下来，但并不存在所谓的资本寒冬，只是大家认清了这个市场的本质。开始看重盈利模式，看重企业的运营方式、产品的复购率。如果小规模可以盈利，比如有1000个用户，那么就评估有多少人会消费，消费频次有多高，产品能否保证正常的利润，以及在用户逐步增长的过程中，产品和服务能够让用户产生重复购买心理。

打折促销、亏本促销，这种方式只能出现在大促的时候，永远无法和大平台、大资本抗衡，它们有更多的资源去“血拼”，同时也可以和初创企业打长期的消耗战。生鲜电商的诸多教训已经证明了这一点，大平台随时可以拿初创企业的主打产品去做赔本砸市场的事。

更多的还要考虑当企业走在扩大规模的路上，一旦走不下去的时候，应该怎么解决？找下一轮融资？如果融不到呢，本身又不盈利，还能坚持多久？这些问题需要提前考虑清楚。如果项目一开始就盈利，情况就完全不一样了，本身赚钱的项目，资本嗅觉灵敏，会很快找上门来。而且本身盈利的项目也不需要盲目的扩大，与其承担巨大的不确定风险，不如把项目做成精品，这也是一条不错的路。

12

大生态圈下的军阀思维

互联网并不互联，它是利益驱使下的产物，“军阀割据”依然是主流趋势，打破这些“割据”还需要很长时间。

互联网精神即开放、平等、协作、分享，在互联网世界里，无时间限制，无地域限制，成就了无数的互联网巨无霸企业，例如百度、腾讯、阿里等。开放的网络使得每一个人在任何时间、任何地点，打开电脑，可以登录任意网站进行信息传递、交易、交流。

在这种精神的引导下，人们在互联网上所能获取的东西越来越多，能做的事情也越来越多。很多人选择了互联网创业，接着就发现有很多的问题。不仅仅是创业者，连经常上网的用户都发现，在互联网上仍有诸多的隔离影响了使用，也就是严重的“军阀思维”。

这容易让人想到军阀混战时期的战乱景象，只要有武装力量就能坐镇一方，在这一方。自己就是霸主，一切都是自己说了算，没有什么规则可言，可以随意地制订和更改规则，可以在自己的地盘运作各种业务，如商业买卖、交通运输、银行当铺、培训教育等。但到了今天，互联网发展20多年，都快进入人工智能时代了，这种思维依然在延续。

平台之间的相互屏蔽愈演愈烈

各个大的互联网公司相互之间对产品都有屏蔽。2010年的QQ与360大战还历历在目，这两家是互联网巨头，他们的产品几乎每一位国内互联网用户都会使用。可它们却让用户二选一，一个是社交软件巨头，一个是杀毒市场的领头羊，看似互不冲突，但却因为各自生态圈的发展，业务重叠。这场大战就是强迫用户去选择。使用了360杀毒软件的用户必须卸载QQ，否则无法使用360杀毒软件；使用QQ的用户，必须卸载360杀毒软件。

在短暂的交锋中，两家公司相互指责，用户怨声载道。无端地让用户选择，浪费了用户的时间，伤害了用户的感情，这场闹剧最后被政府管理部门叫停，因为这种争执以及屏蔽对方的行为，已经涉及垄断，造成了一定的社会影响，阻碍了互联网的健康发展。即使后来事件平息，也给国内互联网公司上了一课——相互屏蔽隔离这种事是得不偿失的。

但这种情况却一直在延续，虽然没有当年那么明显，直接公开对决，一些公司却无时无刻不在做着这种事情。比如大部分互联网用户都有这样的体验：用微信来社交，用淘宝去网购，正在网购的时候想把一个喜欢的产品发给好友一起分享，把链接复制下来，通过微信发给好友，但好友就是打不开。用户习惯用微信与好友交流，但却无法一起分享购物的喜悦。淘宝可以通过旺旺交流，但又有多少人会用旺旺来和朋友聊天呢?

这种屏蔽在互联网上随处可见，严重地影响了用户的体验。就因为是两家公司，即使一个是社交平台的佼佼者，一个是电商平台的佼佼者，但都有明显的排外色彩，这个时候你会发现互联网并不是开放的，不是你能随处分享的。

生态圈的形成

腾讯、阿里都在宣称要建互联网生态圈。什么样的规模和形态才能算得上生态圈？能够让用户在这个生态圈里做任何想做的事，用户的所有需求都可以满足。用户在网上需要交流，就需要设立社交平台；需要网购，有电商平台；需要玩游戏，有游戏平台；需要点外卖，有外卖平台等。

于是阿里巴巴有了淘宝 C2C 平台、天猫 B2C 平台、阿里 B2B 平台，并在此基础上搭建了自己的生态圈，有了阿里云云储存、蚂蚁金服（小微金融服务）、支付宝在线支付、口碑外卖等，再加上为完善生态圈，阿里投资入股了优酷、微博、滴滴打车等。

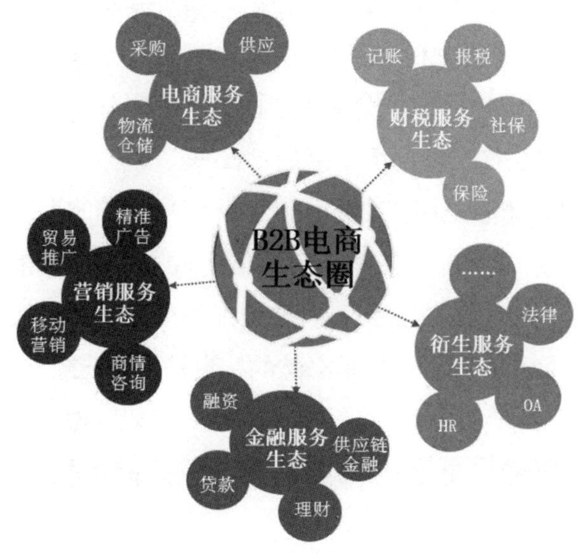

图 12-1　B2B 电商生态圈

看上去像是建立了一个完整的互联网世界，但对于用户而言，即使所有的事情都可以在这个生态圈完成，也总有一些产品并不是用户的最优选择。建立一个生态圈对于大的互联网平台有很多优势，因为他们本身拥有大量的用户、大量的资金，可以任意开展多元化的业务，为已有的用户提供更多的产品和服务，也能不断增加用户的黏性。

一个完整的互联网生态圈，优势在于能够让用户更方便地使用互联网，更高效地工作，更方便地生活。也就是能够让资源得到更优化的配置，运作更高效。但现实中存在的这些互联网公司还做不到这些，每一个行业都有佼佼者。

用户并不习惯在某一家互联网生态下完成所有的事情，毕竟用户的选择是多样性的，很多所谓的生态圈只是在某些方面发挥着作用，有的花费了巨额的成本，用户也不一定会买单。有一个重要的原因就是先入为主的优势和专业度的问题。这些互联网公司在最初的时候，都不是一个生态，发展的是单一业务。淘宝是做电商的，人们对它的印象就是做电商的；微信做社交，人们习惯于用它来交流。

过了几年，淘宝开始做社交了，要把习惯于用微信的人拉过来，这个成本相当的高。也曾尝试让经常使用淘宝购物的人群先使用淘宝社交软件，可做过很多尝试之后，才发现用户根本就不买账。同质化的产品，后发跨行抢夺巨头的份额，任何诱惑都是无效的。

在生态圈里，想满足用户更多的需求，深挖用户的潜力，从单个用户身上赚取更多的钱，是非常难的，获取新用户的成本是非常高的，用户的习惯也很难培养，毕竟现在已经不再是十几年前的草莽时代了。从留存下来的用户身上获取更多的利益，是必然的，也是最佳选择。

军阀思维下形成的生态圈不利于互联网的发展

想达成自建生态圈循环的效果，就避免不了出现阻隔其他互联网公司的行为，要保证自己的用户不会轻易地受影响，流失到其他平台，屏蔽对方是最简单有效的方式。这也就是上文所说的军阀思维：把自己拥有的互联网产品看成自己的地盘，在自己地盘上的用户是自己的，其他有可能和自己产生竞争的平台，都被排除在外。

这种情况可能算是国内这些大互联网公司独有的思维，而且已经被使用到了可以判定其涉嫌垄断的程度。但市场对其是否违法并没有明确的规定，毕竟在互联网的世界里，每天都有新的东西出现，只有当舆论到一定程度的时候，才会引起重视，才能看到事情的严重性。

当这些屏蔽发生的时候，就已经脱离了互联网开放、共享的精神，影响到了用户的使用。在这种割据的状态下，虽然互联网公司暂时守住了自己的地盘，但互联网变成了一个个的局域网，用户只能离开这个局域网进入另外一个局域网，才能做另外一件事情。

就拿最简单的账号登录来说，你会看到在一些有个性的APP上是无法使用QQ、微信或者微博等登录的。想使用一个平台就需要注册一个账号，一个人哪能记得住那么多的账号和密码，这就是平台为用户设置了门槛。

图12-2　生活中充斥着各种账号

利益下的制衡是吞并而不是共赢

建立生态圈就会出现投资、收购、合并，不可能每一种业态都自己亲自去做，将成熟的业态合并过来是最好的选择。都说互联网的世界里没有第一，但总会有新生事物的出现，总会有竞争者来搅局，大平台普遍的做法就是通过收购为己所用；如果自己不具备做这种业态的能力，就去投资，做大股东，将其揽入自己的生态圈，是不可取的。

这些单独的业态被收购之后的命运如何呢？有一部分直接被雪藏，只要是和大平台的业务有冲突的地方，被收购之后会慢慢消失。有时候也会独立运作一段时间，再进行进一步的融合，之后合成一体。还有一部分会成为这个生态系统下的一个业态，单独存在，但核心团队不再是创始初期的那个，很多创始人在漫长的博弈中逐渐被赶出局。

在收购、合并的初期，看起来是双方共赢的一个局面，小平台有了大平台、大资本的支撑，可以同竞争对手拼市场，公司规模也在不断地扩大，可经过一段时间的运营，会发现自己的话语权越来越小，小平台也慢慢融合进了大平台。大部分被合并的公司，其品牌会慢慢被雪藏，无论当时是否红极一时，结果都是一样的。

互联网创业环境恶劣，对创业者是一种考验

这种军阀式的互联网环境，对于创业者并非好事，大量的用户聚集在大平台。对于初创企业来说，最缺的就是用户，所以他们需要从这些大平台上拉用户，做传播，尤其是一些免费的平台。

比如大部分互联网创业公司会选择去微信朋友圈拉新用户，去开放媒体平台微博上拉新用户。但这些平台真的给你机会了吗？对广告的屏蔽是所有平台都在做的事情，一般的做法就是限制展示量，也就是你的大部分粉丝和朋友看不到你发的内容，即使很多时候所发的内容是有创意的，对用户真的有用的。

还有一些比较严重的情况，就是对于聚集在一些开放平台的创业项目，像微信公众号的开放接口，你可以进行二次开发，如开发商城、开发O2O平台、开发各种互联网产品。但微信官方偶尔会封闭一些利用开放接口所做的商城、分销系统等，也会不断出台一些新的规定，创业者就会不断中招，毕竟开放也是有条件的。

当然也可以说这是为了用户体验，为了保持产品的干净度，但对于创业者而言，确实形成了阻隔。还有就是很多平台对于一些关键词的屏蔽，比如微信、售价、折扣等名词，这些词只要出现都会被屏蔽。

2016年4月，在微博状告新生职场社交软件脉脉一案中，北京市海淀区法院一审认定脉脉使用了微博可以直接登录的功能，调取了用户的信息，构成不正当竞争，应停止使用并赔偿经济损失。这就是笔者提到的军

阀思维，连账号之间的互通都不允许。

虽然不是针对某一个平台，但国内的互联网环境确实如此。这种格局是肯定有问题的。同时对于创业者而言，需要谨慎对待，很多业态都存在大平台随时介入的可能。如果介入，最好的方式就是被收购，因为依靠大平台海量的用户、雄厚的资金，可以利用补贴亏本的方式将用户迅速吸引而来。

举个简单的例子，2015 年年底，新兴的生鲜电商平台在京东和天猫的补贴价格战中，消失殆尽。这些大平台只要选出几款生鲜爆品，赔本补贴用户，一个月下来，新兴的电商平台几乎全无招架之力，加上库存的损耗，成本日益增加，新兴平台自然败下阵来。

对于这些快消品，用户只会选择最优的购物方式去消费，大平台的服务和配送并不比小平台差，且公信力更强，何况其是在以更低的价格进行售卖。用户纷纷逃离，一个新的创业平台好不容易拉来的用户，就被价格补贴轻松吸引走了，小平台玩资本是玩不过大平台的。

所以说所谓的互联网生态圈，只不过是大平台的圈地运动，不断增加自己的体量，相互之间为避免用户流失，不断屏蔽。这种做事的方式就是严重的军阀思维，对用户是一种伤害，也阻碍了互联网创业者前进。

13

社交平台卖货并不简单

用一本书的内容也讲不完的社交电商趋势——电商的下一个爆发点，是个人人都有机会的趋势。

社交电商的趋势已经非常明显，将网络社交融入具体的商业形态，对于已经成熟的业态起到的是锦上添花的作用。对于创业者而言，这也是一种获得最初用户的渠道。社交平台上聚集了大量的人，90%以上的社交网络用户与网购用户基本是重叠的。

研究一下互联网，就会发现用户的习惯是这样的：需要交流去微信、微博、QQ等社交平台，需要购物去淘宝、京东、唯品会等平台。相比之下，每天在社交平台上的停留时间要远远多于在购物平台上花的时间，在哪里停留的时间越长就意味着哪里的用户黏性越高，有更多变现的机会。

但现实中的情况远远不是我们想象中的那么简单，在社交平台上，大部分人是非常厌恶广告、私信推销的。我们到这个平台是来交流、是来浏览信息的，看到满屏的商品信息、推销广告，难免会反感。

如何将社交平台和卖货相结合？很多人都做了尝试，形式非常多，比如分销模式、全员开微店模式、微商模式、自媒体模式等。大家从来没有停止过对社交平台的探索，但这些尝试鲜有成功者，答案很简单，就是出在了流量如何转化的问题上。

我们在谈社交流量转化，往往谈的是一个比例，就和谈精准营销的时候是一样的，可总是忽视本身的形式问题。

罗振宇在2016年年末的跨年演讲中曾提到一个概念：未来的一切交易将是社交，人是IP的承载体，人就是流量入口。交易和社交会融为一体，这和笔者在2016年4月出版的《社交电商：运营策略、技巧与实操》中提出的“社交电商化、电商社交化”如出一辙，社交电商不再是空中楼阁，而是可以真正实现的商业体。

形式是否与内容相匹配

社交卖货不是让你在朋友圈扔几张广告图，也不是晒吃喝玩乐，更不是孤注一掷地先去做垂直细分领域的知识类自媒体，再去卖货。从社交平台到线上卖货，似乎有着一层隔膜，这层隔膜怎么也戳不破，令人束手无策。

社交平台是一个系统，需要统一做前期的规划，在创业初期就想好变现的模式，再去展开，去培育。直接推销的方式不适合社交平台，它打破了社交属性的平衡，容易让人产生反感。

社交平台卖货，是要一步步来的。首先要看的就是你在社交平台上运作的形式与所传递的内容是否相匹配？例如你是一个做电商的，要做品牌，要卖货，那么你来社交平台的目的就是传递产品信息。所有的信息和内容就是围绕产品和品牌展开的，发掘产品的每个点，不断地去宣传这些点，去包装，不断地围绕这些点“讲故事”。

卖货的形式可以是分销，也可以是直销，但要直接面对代理去做，这些代理可以是个人也可以是公司，或者实体店，同时要把握住一点，只做一级分销，否则后期市场就很难把控。可以是自媒体形式，但通过自媒体做的内容也要围绕产品来展开，做到足够的专业、专注，只说这个行业，只写这个行业。每一个细分行业都有无穷无尽可以说的内容，每天都有新的情况出现。

要不断地去发现这些新情况，并和自己联系起来，和自己的产品联系起来，去塑造你的个人自媒体品牌，从而带动产品和品牌的影响力。

内容是否与用户相匹配

其次就是内容与用户的匹配度，做的是什么形式，就要传递什么样的内容，就要找到对这部分内容感兴趣的用户。在各个社交平台上，天然地都会出现对某个行业感兴趣的一群人、对某个话题感兴趣的一群人。这种群体很好找，比如在微博上，可以关注某个感兴趣的行业，可以搜索某个行业话题，不断地参与，找到相对精准的客户，然后把内容传递出去。

笔者和一些电商行业的朋友聊天的时候，经常会说到一件事，就是内容的运营，一个好的内容创作出来后，一定要去运作，要去宣传，但前提是找到对这类内容感兴趣的人，和这些人交流，用户也是需要长期积累的。

图 13–1　内容的运营

经常会收到一些私信，问如何获取精准用户，这种问题根本就无法回答，也不可能用一两句话说清楚。因为问题的本身就是错的，这个世界上从来都不存在什么精准用户，只有相对精准的用户。相对精准的概念就是运用多个维度去考量，最后剩下的这么一群人，这些维度包括年龄、性别、消费能力、偏好等，而这些东西在社交平台上很容易区分。

看对方平时都关注什么，喜欢看什么样的内容，是男是女，是做什么工作的，这些信息都能从他平时发布的内容中去判断。然后去传递这样的内容，从写作方式到表达方式，都要顺着用户的喜好来。用户喜欢读什么样的信息，就用什么样的内容去包装展示给用户。

用户是否与卖货相匹配

最后一个问题，就是圈来的“粉丝”用户是否与将来要卖的货相匹配，也可以说是“粉丝”是否与消费者相匹配，这里就要谈到“粉丝”转化的问题。经过前面形式和内容的匹配、内容与用户的匹配后，进一步，就要涉及变现的问题。能否变现，在变现的过程中，有多少用户会流失，是所有经营社交平台的电商人的忧虑。

笔者觉得只要把握住一些原则，变现就有可能，用户流失率就不会很高。

第一，同用户的互动要持续、真诚。

所有用户的留言都要逐个回复，对于朋友圈评论、点赞，微博转发、评论、私信等，都要回复，即使再没有时间，也要保证80%的回复率，互动是产生黏性的最好方式。“粉丝”来留言，就是来表达想法，想获得别人关注，有了回复，“粉丝”就会觉得得到了尊重，会认可你所做的事。

同“粉丝”互动是要花大量时间的，互联网的红利期已经过去，互动营销的方式已经成了最有效的网络营销方式。“粉丝”需要的是参与感、认同感。用互动的方式就能让“粉丝”体会到这些，这样他们才能成为真正的用户。

第二，为用户提供最优性价比的产品。

好产品是卖货的基础，不能因为这些用户是你的“粉丝”，就提供比市场价格更高的产品。大部分人在社交平台上做的产品本身其实并没有差异化，仅是其人格有差异化，但这仅仅是一个方面，因为消费者已经越来越理性，人格差异化最有价值的地方就是诚信，而不是个人的风格。

产品的差异化还可以表现在包装上、在可玩性上，尤其是可玩性，可以让购买用户产生晒单的冲动，形成自主传播。这也是玩社交平台的核心，形成自主传播，由小范围开始，利用社交平台的分享方式，自发传播，形成品牌。

第三，做硬转化，不要做软转化。

这点是笔者在做了一段时间自媒体后的感触，在社交平台上做变现，一定要做硬转化，不要把产品融入文章中，做“软文”。这样“粉丝”会非常反感，而且他们会有种被欺骗的感觉。“软文”卖货一直是一个误区，很多甲方认为“软文”是用户比较容易接受的，可实质上并不是这样。

在2016年创业之初，笔者做过一些尝试，因为当时已经出版了第一本书，微博、微信“粉丝”也有不少，有了一定的信任度。所以准备跟随大趋势，做红酒的微商，于是写了几篇有关电商商业趋势以及消费升级的文章，尤其是在写消费升级的时候，分析得非常仔细，最后慢慢地延伸到中高端红酒，从而表达自己要做红酒的意愿。

本以为这种效果会非常好，起码广告没有那么生硬，用户应该愿意接受。但效果却不尽如人意，评论普遍是用户觉得自己被耍了，在忽悠他。因为用户是被你的商业分析所吸引的，正在入味的时候，突然说这是个广告，大家就觉得被骗了。他们虽然长期都在免费看你的观点，和你讨论，但这个时候却并不会支持你。

原因是什么呢？就是宣传与真实内容不符。后来我们就直接做“硬广”，直接招商，效果却非常好，对这个感兴趣的会直接来问，不感兴趣的也不会讨厌，因为你已经告诉他这条信息是要干什么的，最多他不会点击观看。“硬广”做得好，很多“粉丝”还会分享出去，因为他的出发点和你一样，分享出去又不是骗人的，意在互动而已。

社交电商卖货，只要把握住节奏，调整好“硬广”和内容分享的比例即可。一条“硬广”十条分享，便不会有太多的人介意。

“软文”也是一直存在的营销方式：一个吸引人的标题，前面来一大段精彩的文章，内容到后半段就转为推荐自己的产品和品牌了，这种方式在几年前或许还比较管用，毕竟当时用这招的人还比较少。但到了2017年，已经不再那么有效了，或许是被这种方式忽悠多了，用户产生了抵触情绪。

现在，大家反而喜欢直截了当的东西，比如说你每天都在传播知识、传播娱乐，偶尔来一条广告，大家并不反感。平时一直在互动，有一定的认同感，想买的就买，不想买的就忽略。但如果你发一段很有质量的文字，后面变成推销，效果就截然不同。

社交消费行为初步养成

在社交平台上消费的方式已经初步养成，这是一个值得庆幸的消息。朋友圈经过了微商的洗礼，微博经过了微电商达人的疯狂，淘宝也正在上演淘宝达人直播的狂欢，这些依托于社交形式的电商，正在迅速崛起。很多用户已经在社交平台上有过消费，尤其是微信支付和支付宝在移动端的发展，也促进了这些用户的消费行为。

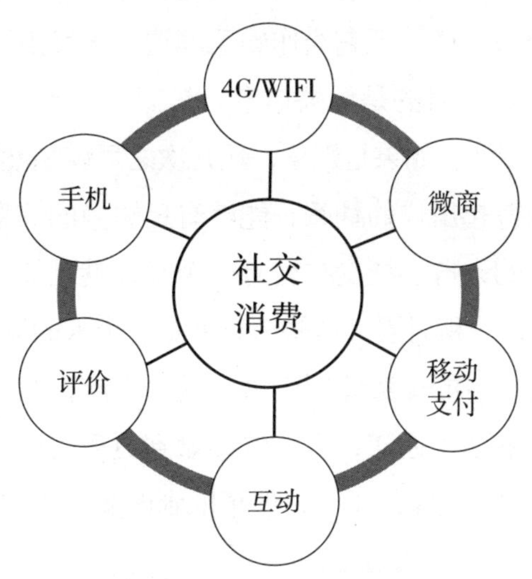

图 13-2　移动端消费养成条件

移动端购物比起 PC 端购物快捷得多，在社交平台上，用户可以自由地讨论话题，谈到感兴趣的商品就可以直接推荐或者购买，这也为很多新兴的创业者找到了一个免费的推广渠道和销售渠道。

移动端购物的障碍基本已经被剔除了，支付问题不用担心，购物流畅程度不用担心，3G/4G 以及免费 WiFi 的普及、低廉的智能机大量入市，各种软件硬件设备已经足以满足人们手机端购物的需求。

社交平台是工具，不是玩具

这是一个信息泛滥的年代，选择困难症存在于每个人的意识里，只要是超出了自己所掌握的知识范畴，对其他的东西几乎没有什么判断能力。在信息不断涌来的时候，人们已经从过去的搜索习惯变成了浏览习惯，即使搜索也会出现一大堆无法辨别真假的信息，于是如何辨别真伪成了首先要解决的问题。

这个时候，我们所有做电商、做营销的人就要清楚，社交平台是一个工具，是要产生价值的。既然是工具，就要发挥它的作用，但用这个工具的时候不能像普通人一样，把它当作娱乐消遣。出发点不同，就会有不一样的效果。当成工具，目的是传播信息，是卖货，而不是随心所欲地玩。当成玩具容易产生惰性，如果是娱乐，玩几次之后就黯然退场了。

信息传递要经得起用户的翻阅，能够有足够多的信息说服用户，同时也要能够辐射更多的人群。社交平台有一个好处就是能够让每一个人发布的信息都沉淀下来，日积月累，这些信息就是这个人的原形。

同时要把社交平台的优势体现出来，就是交流，在交流互动的过程中去传播，平台已经搭建了通道，也能够接触到更多的用户。每一个创业者都要学会运用这些沟通交流的工具，但牵扯到很多技巧的问题。

社交卖货拼的就是技巧

网络社交平台卖货拼的是技巧，最大的技巧就是沟通能力，无论是封闭的交流平台，还是开放的媒体平台。个人的软实力是非常重要的，比起线下见面沟通，网络社交需要掌握更多的技巧，因为彼此都是未知的，没有见过面，面部表情捕捉不到，肢体语言揣测不了，一切都要靠文字、表情、图片等去交流。

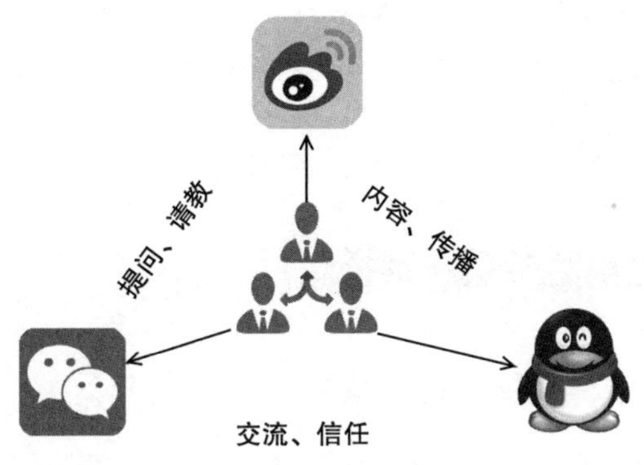

图 13-3　网络社交技巧

既然看不到对方，就要凸显出自身的文字表达能力，像谈恋爱一样对待女性网友，像对待老师一样对待男性网友，这是网络交流的基础。很多人本身就是键盘侠，可以在键盘上激扬青春，挥洒自如，能够聊得头头是道，仿佛遇到了知己。有这种能力的人并不少见，所以很容易找到这种人才，当然企业也可以迅速培养成这类人。

在网络社交平台上，看不到对方，所以交流的过程中很容易起冲突，因为没见过面，无所顾忌。在网络上经常可以看到，别说普通网民了，就连那些互联网大佬们在社交平台上也是经常“互喷”。玩网络社交平台的，一定要谨记多帮别人，别学那些大佬，用“对撕”去做营销，拥护者还没有足够多的时候，这招基本是玩火自焚。

信息内容的传达要结合自身产品去创造，最了解产品的一定是做产品的人，不是每个人都能持续地写出长篇大论，不断分享知识。事实上也不需要那么多人做知识类的普及，但每一个人都可以成为“社交控”，不断地扩大自己的社交圈，不断地交朋友，“人脉就是钱脉”，这句话在互联网的世界里依然是一大绝招。

把产品融入日常的交流中，发到自己的朋友圈，发到自己的微博上，用日常交流的方式去写帖子，用最通俗的语言表达出来，这就入门了。最简单易懂的文字看似没有什么技巧，却蕴含了巨大的商业价值。

这即是回归人与人交流的本质，用心对待每一个人，不要给人画饼，不要随便许诺，承诺了就一定要做到，用最原始的诚信标准去对待每一位“粉丝”，如此收获一定不少。

交流从线上到线下是一种升华

线上交流本身就有一层隔阂，但交流的本质和线下人脉扩展是一个道理，就是真诚。交流到一定阶段，可以邀约几个经常讨论的人，参加一次线下聚会，线下见面才能真正地提升关系。笔者在不同的场合都说到这个问题，我们做电商和互联网的人大部分都是键盘侠，能在键盘上挥洒自如，一旦见面就全蔫了，基本都在低头玩手机。去几次电商、互联网类型的论坛和讲座之后，就会发现这个问题，偶尔有几个活跃的，还都是做线下业务的。

这种转变需要一个过程，重点是突破自我。每次聚会活动，要提前想好，这次去一定要认识那么一两个人，好好交谈一会。不要走马观花式地散发一大堆名片，每个人都想去打下招呼，结果谁也没记住，别人也没记住你。

这也是线下扩展人脉的一种技巧，线上聊了千百次，不如线下见面一次。信任的建立比线上快很多，但纯粹地利用线下方式去扩展人脉又有很大的局限性，所以线上的交流方式是一把打开人与人之间陌生关系的钥匙，线下见面才是真正建立关系的法宝。

线下见一面，关系就进了一大步，再次回到线上交流就不一样了，一般会变得比较默契，相互之间传播分享就不在话下了。

至于具体运用社交平台卖货的技巧，非常之多，笔者在2016年出版的《社交电商：运营策略、技巧与实操》中，用了整整一本书的内容去讲述社交电商的实操，想做好社交卖货的朋友可以去看看。这些技巧并非适合所有人，但总有那么一两种会让你用起来比较顺手。

技巧究竟有多重要？技巧对于电商、互联网从业者而言，就是立身之本。比如，如何问问题。笔者的微信上常有人提问，但根本问不到重点，问的事情大多与自己无关，与自己做的事无关。比如毫无理由地关注电商大事件、电商大佬的争端等。对此笔者的回答始终是“不清楚”。真的是不需要清楚，即使弄懂了来龙去脉，对你的业务又有什么帮助呢？还不如去思考自己的业务为什么没有进展、项目为何没有成功，多关心遇到的困难，把时间和精力浪费在和别人讨论那些毫无意义的事上，又有什么用呢？

另一项技巧是从实践中判断事物的发展趋势。很多人不去实践，不去社交平台社交，不主动出击，直接武断地断定某个平台不行了，某种方式不行了。从来都不缺少这类人，明明是自己不努力，没有掌握方法，却把责任推到客观条件上。微信、微博被说了好几年不行了，每年都有人撰文大肆臆断，可结果是这些社交平台发展得越来越好，越来越完善。

14

有太多的众筹骗局还在延续

实现梦想的方式有千百种，太多人想走捷径，于是各种骗局就出现了，往往玩坏了一些新概念。

众筹可以完成一个人的梦想，成就一个有才华、有想法、有创意的人，但它在国内似乎来得太快了，脱离了最初的概念，走向了一个极端，一方面是某些众筹只是创意的忽悠，毫无回报，另一方面是真正的好创意根本筹不到钱。

说得明了一些，众筹就是在有项目、有创意但缺钱的情况下的一种选择，类似于集资，但必须有一个理由找到具有共同兴趣点的人来支持。支持者付出了金钱，也就成了投资者，既然是投资，就必须有预期的回报。

众筹在2015年可谓是起伏不定，备受关注，并开始普及。有一些人认为众筹是拿别人的钱来完成自己的梦想，是不道德的行为，这是没有真正理解众筹的含义。众筹兴起于美国，在很多年前已经发挥了实际的作用，只是没有被概念化。

比如说1885年美国独立日，法国送了一座自由女神像，但并没有赠送底座。没有底座，女神像就无法站立。但建底座的这笔钱从何而来呢？于是《纽约世界报》的老板普利策在自己的报纸上发布了这样一则消息：承诺只要有人捐助 1 美元，就可以获得一个 6 英寸长的自由女神像，捐助 5 美元就有更大的一个。这个项目获得了世界各地超过 12 万人的支持，筹集总金额超过了 10 万美元。这是一个完全靠众筹完成的项目，底座有了，人们也得到了预期的回报。

图 14–1　自由女神像

当时还没有众筹的概念，也没有现在这么广泛的应用。但原理是一样的。首先是立项，有一个项目需要资金支持来完成，且没有政府、机构、公司或者某个人主动投资来完成。接着向公众募集资金，按照捐款的金额大小，设置等级，给予一定的回报。最后项目完成，资助者获得回报。

在这个案例里，大家要注意几点：

一是《纽约世界报》相当于一个平台，有广泛的受众用户。在这份报纸上发布的众筹消息，可以让很多人看见，包括对这个项目感兴趣的人。只是现在把众筹转移到了互联网上，但仍然需要一个平台，于是平台就成了众筹不可或缺的前提。

二是设置众筹的等级。众筹需要等级制度，受众群体有不同需求，需要对其进行划分。让有不同需求的人都能参与进来，这个时候才能达成目的。

三是项目本身需要有吸引力和创意。自由女神如此宏大的雕像，是独立自由的象征，但它竟然站不起来，因此有个梦想需要大家合力实现——集合众人之力，让女神站起来。

四是承诺回报。这一点必须明确，这种实物众筹不是投资，不具备溢价。大家为你的愿景买单，帮你完成了梦想，但也相应地要有事先承诺的回报。

众筹与传统金融募集资金有很大的区别，众筹更开放，受众更广，可以众筹资金、众筹智慧、众筹技术等。至于现在的众筹股权，就属于投资范畴了。众筹原始股则牵扯到项目本身的创意，甚至牵扯到项目的各个层面，还有金融风险的问题。

众筹平台是否能真正起到监管作用，要看其能否坚持创新类众筹，持续吸引用户。

上文说了众筹需要有个载体，就是众筹平台。现在的众筹平台非常多，淘宝和京东也在做众筹。很多人在猜想，众筹会不会又是一次泡沫，会不会成为 P2P。这些担心很正常，毕竟还有太多人不了解众筹，众筹还有太多的地方需要改善。

无论是创意类的实物众筹，还是股权类的众筹，平台都有不可推卸的责任，毕竟众筹是需要得到回报的，是面对普通大众的，除了项目发起人负有责任，平台其实是充当了担保方的角色，用户是通过这个平台了解到这个项目，同时众筹的资金也是通过平台达成交易的，而平台通过提供这种服务得到了回报。

于是平台就需要做信用背书。实物还容易理解，在一定期限里，用户可以拿到回报。但股权众筹是面对老百姓的，而且是一种投资行为，它的回报是不确定的。关于投资，老百姓很难判断风险，因此众筹平台就有责任替广大的投资者去把关，毕竟大家参与众筹的目的是为了分红，到期要拿回报的。

但现实是众筹股权的大部分公司都是中小型企业，投资者往往无法真正地了解这家公司的现实状况，它不像上市公司那样，财务状况、技术要公开等，投资者参加众筹属于盲目的跟随行为，无法评估盈利风险。而平台不一样，专业的众筹平台是需要对这种情况作出判断的，如风险大小、有多高的亏损率，该公司的市场状况、管理状况等，风险评估之后，再允许此项目公开众筹，这些责任都是不可推卸的。

同时众筹平台必须对投资者进行审核，不是什么人都允许参加众筹，最起码要了解投资人是否具备风险意识，但事实上众筹平台为了吸引用户，完成众筹，在这方面做得并不是很好。

市场上五花八门的众筹平台太多了，在网上经常有人会问某某众筹平台是否靠谱，回答很简单：你既然无法独立判断，还要咨询别人，那么就应该观望，或者找到最大的众筹平台——有深厚背景背书的平台，比如淘宝众筹、京东众筹等，再考虑项目是否值得投资。

众筹不是乞讨行为，而是一种长期的回报

有人说众筹是普通人逆袭的好机会，只要有想法，有好项目，就可以来众筹。但要记住众筹不是乞讨，是以回报优先的。回报是什么？实物、股权等。用户看中的是你的项目、你的创意，或者你的产品。众筹的故事、想法和包装，都是为了众筹的成功，人们支持众筹不是赞助，而是投资。

那么众筹的风险到底应该由谁承担？实物众筹其实很简单，创意好，产品好，只是缺钱，众筹实际上相当于团购式的集采行为，风险是比较小的。比如各大品牌在众筹平台上的实物众筹，如要做款沙发，开始众筹，做个智能硬件，开始众筹，本身只是借用了众筹的名义，玩的是定制式团购而已。至于股权众筹，其实和实物众筹是一个道理，只是投资的回报期更长一些，风险更高一些，但用户也是期待有所回报的。

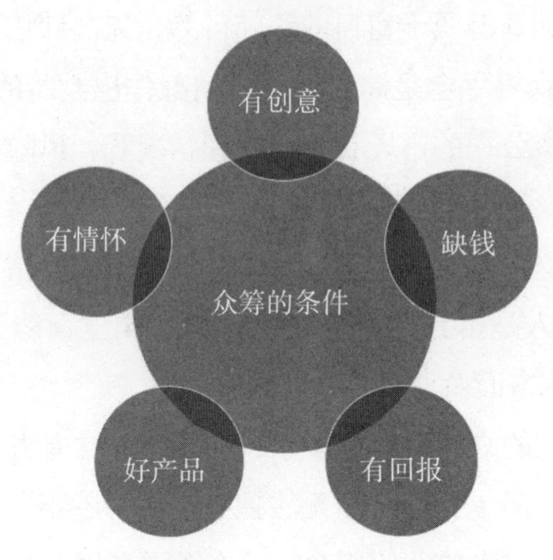

图 14-2　众筹的条件缺一不可

众筹首要的责任承担者就是发起者，笔者了解到很多众筹成功后，项目却失败了，发起者所承诺的回报没有兑现，支持者骂声一片，可众筹的发起者却一直在推诿，认为这是很正常的事，投资哪有 100%赚钱、100%能够拿到回报的。

这是在偷换概念，是在玩文字游戏。其实在一开始的时候，这些众筹的发起者已经找到了后路，只是投资者不懂而已。众筹存在很多陷阱，比如，你的股东身份，是否真的得到体现了？一个项目下来，有几千、几万个股东，但是这些股东是真的股东吗？通过众筹平台的股权众筹其实是一种委托持股，众筹股东的名字不会出现在工商登记资料里，只会显示实名股东的名字。众筹公司和实名股东翻脸后，谁会认可参与众筹的都是股东呢?

还有一个问题就是众筹股东虽然是股东，但他们真的能行使股东权利吗？一般公司只会拿出百分之几的股份出来众筹，于是分到每一个众筹股东手里又有多少股份，千分之几或者万分之几？这些股东既没有管理权限，也没有投票权，那么他们该如何保证自己的权益呢?

更关键的是众筹股东没有权利决定是否分红。众筹股东没有了这个权利，如何保证众筹会有回报呢，什么时候回报？《公司法》并没有规定有了利润必须分红，分红方案必须通过股东会，而前面讲到参与众筹的人是没有这个权利的。这个时候众筹发起人，是否真的能做到承诺兑现？

众筹是普通人逆袭，还是营销的新概念

很多人认为众筹是普通人逆袭的机会，只要是有创意的人都可以玩，其实不是这样的。你看看现在的平台，能来众筹的真的只是中小企业以及普通人吗？你错了，现在众筹平台实物类众筹几乎都是有实力的大品牌在做，它们众筹一件产品，不需要有多少的创意，它们有很大的生产研发能力，资金实力也十分雄厚，根本就不缺这么点钱，只是在找一个噱头——营销的噱头，一方面为了出货，一方面也为赶上潮流，占据头条。

创作更是如此，作家本身就是行业名人，有行业号召力，有很多忠实“粉丝”，众筹只是为了加码而已。比如写本书，可以众筹，因为书还没出来，但有一些很牛的观点，有一些支持的“粉丝”，为其观点喝彩。这个时候发起众筹，基本的方式是：比如说书的定价是 59 元，那么众筹支持 59 元的，可以得到一本签名书；支持 100 元的，可以得到一本签名书＋一张讲座的门票；支持 200 元的，得到一本签名书＋一张大型论坛的门票；支持 2000 元的，得到一本签名书＋一张大型论坛门票＋与作者合影的机会。假如时间期限是 20 天，如果众筹金额达到 2 万元，就算众筹成功，于是作者开始写作。在规定的时间里，完成出版，兑现承诺。

可以说众筹在国内发展得太快了，现状就是处于营销阶段，大公司、大品牌在赶这股潮流，为营销找点子，实物众筹已经沦陷成大品牌的战场，背后都有整个供应链支持。单独的创意型的产品，能够众筹成功的寥寥无几，因为连众筹平台这关都过不了，虽然可以上一些不是那么有规模的平台，但效果有限。

2016 年之后已经渐入佳境

众筹如果没有良好的模式，没有监管，一定会像 P2P 一样，出现众多的投机者，败坏这个行业的形象，甚至会不断出现众筹发起方“跑路”的状况。目前，众筹还停留在营销层面，只是初级的形态，没有发挥其真正的力量，这也是由于市场不健全、监管不健全引起的。

但在 2017 年之后有很大的改变，因为资本并不像在 2015 年时那么疯狂了，回归到正常状态，众筹的支持者也不会轻易被创意噱头忽悠。创业项目最有可能获得资金的途径就是众筹，于是要考验项目本身的吸引力；考验其是否能展示创意、把盈利模式说清楚、能够持续给支持者回报，吸引大众投资者。

众筹不是完成你一个人的梦，而是承载了所有支持者的梦，很多人喜欢讲商业道德，但真正落在自己身上的时候，却不见得能体现出来。当涉及利益诱惑的时候，就忘了初衷。但这种人注定是会被淘汰掉的，市场也有这个能力将其净化。

15

生鲜电商：模式并非重于渠道

模式重要还是渠道重要？其实都不重要，生鲜电商领域还没有巨头出现，能赚钱才最重要。

在涉及电商的时候，最开始想的往往是用什么样的模式去做，是采取线上线下同价同款呢，还是线上做一个新品牌，和线下区别开来，或者是线上做几款特供产品……很多传统企业都摇摆不定，在这几种模式中徘徊。

创业公司也会遇到这个问题，是先考虑模式，还是先考虑渠道呢？投资者首先看中的就是盈利模式，盈利模式越独特，越新颖，就越容易拿到投资。但我们要清楚盈利的模式有很多种，并不都是新模式，只要能够盈利的就是好模式。

最为明显的，就是做实物产品的创业者们，不要想保持自己最初拟定的那个模式，比如什么垂直 B2C 模式、O2O 模式等。要知道，只要是实物产品，就要考虑通过多渠道去经营。开天猫店、京东店、唯品会网店等，去做批发、实体店等，不要局限在自己的模式中，有现金流才是王道，如果传统的批发渠道可以走货，可以把产品卖出去，就考虑去做。

对于那些客单价比较低的原生态性产品，比如农产品、生鲜类产品，创业者更多的是要考虑如何把产品尽快地分发出去，模式比不上渠道的力量。这个时候互联网的作用就是做信息传递，而不是做零售，如果做零售的话，利润往往是负的。

这本书重点讨论生鲜电商，这是近年最具有代表性的案例。生鲜电商这个垂直细分市场，被认为是电商市场的最后一片蓝海，是亿万元级的潜力市场。一点也不夸张，从生鲜产品用户的消费频次和购买力来看，完全可能。2015 年，大量的生鲜电商平台出现，资本开始涌入市场，而最后的效果却差强人意，一两年下来，几乎大部分的生鲜平台都消失了。

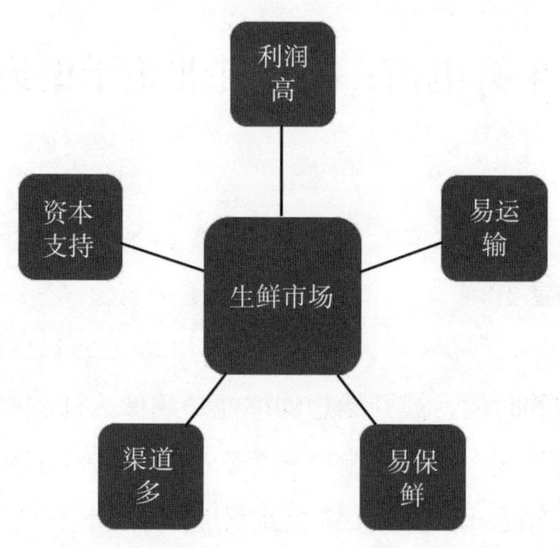

图 15–1　很多时候渠道起到决定性作用

对于这个行业来说，有太多的问题还没有得到解决，从冷链到配送，再到管理系统和技术应用，都还有很大的改进空间。解决这些问题需要时间，这是一个巨大的工程，需要各方面的努力。生鲜品类是个高成本行业，利润微薄，要想保证利润，有两个办法：一是利用互联网和技术手段降低成本，二是利用不同的渠道、不同的方式实现快速盈利。

生鲜电商的市场到底有多大？生鲜包括水果、肉类、蔬菜等。从人最基本的生活需求来看，生鲜是生活必需品，消费频次非常高，几乎每天都有需求，国内有多少人口就有多少需求，可谓是覆盖整个市场，很多人也是看到了这个广阔的市场，纷纷加入生鲜电商大军。

当网购用户有了消费生活品的习惯后，生鲜类的需求真的会井喷吗

电商巨头首先看到了机会，天猫携喵鲜生，京东斥巨资入股永辉打造生鲜到家。很快，京东到家、天天果园、顺丰优选等新型生鲜类公司不断涌现，包括很多移动生鲜类的 APP。社区生鲜类在外界看起来轰轰烈烈，算是朝阳产业，但实质是怎么样的呢？

能够盈利的平台有多少，到底有多少用户通过电商平台这个渠道购买生鲜呢？据不完全统计，2015 年国内至少有 5000 家生鲜电商公司，99%的生鲜电商都在亏损，真正盈利的不到 1%。紧接着移动端生鲜突起，生鲜 O2O 不断试水，一阵疯狂过后，到 2016 年年初，大家发现生鲜类创业公司基本都倒下了。一年之间生鲜电商的红利都消失了吗？显然不是。

阶段性生鲜电商市场其实是个伪需求

关于生鲜电商市场的合理性，可以以任何市场营销原理去分析，道理都说得通，但到了让用户真正买单的时候问题就出现了，再去深究复购率的话，就更是个问题了。在常规判断中，网购用户在满足了 3C 数码、服装等需求之后，就会延伸到食品等生活用品，但当真正地走到线下的时候，就会发现很多情况是不一样的。

很多电商人喜欢坐在办公室空想，不断地推导，最后确定方向，而且非常相信自己的判断，不断地“烧钱”去吸引用户。其实出发点就错了，试着想一下，网购用户基本是“70 后”“80 后”和“90 后”，他们是最忠实的，也是最容易接受新事物的，生鲜电商的目标群体应该是他们。

而他们大部分都是白领阶层，只有周末有机会做饭，这个时候就要明白复购率是每周一次。那么周末有多少白领阶层会买菜做饭呢？有一部分人周末会去社交，和朋友聚会，还有一部分人的确会做饭，但他们真的会

去网购原材料吗？

接着看看现在家庭里生活用品的采购权掌控在谁的手上，一般都在“50后”和“60后”手里，他们才是真正掌握家庭生活用品支出的人，而这部分群体一般不习惯于网购，很多和父母一起住的年轻人其实并没有掌控这部分购物权力。

要买菜、买水果，去超市、去菜市场，这其实是很多老一辈人的一种生活方式，尤其是现在的五六十岁的人，平时在家里也没什么事，也没有聊天的对象。他们更喜欢和邻居、朋友去逛超市，去逛菜市场，一边购物一边聊天，这种生活方式很难改变，甚至可以说基本没有什么能打破这种方式。他们对互联网并不敏感。

生鲜电商的目标人群应该是“80后”“90后”等，对于他们而言，网购生鲜的需求是真实存在的。只是生活现状使得这种需求的范围并不大，只有很少的一部分人能够通过网购满足这方面需求。当然，这里说的需求是整个生鲜品类的范围。

再过几年，“70后”“80后”“90后”网购生鲜的会越来越多，但这个时间点什么时候来临，一定不会是他们退休之后，他们中的大部分人目前并不适合居家，尚处在奋斗的阶段，而这个阶段的大部分人还没有意识要好好对待自己的胃的。

所以说生鲜电商的潜力是无限大的，但必须分阶段进行，很多电商创业者认为品类不全会影响用户体验，影响复购和留存，想模仿沃尔玛做线上生鲜一站式购物，认为这才是真正的好模式，但这种模式只能在市场需求完全被释放出来的时候做，现阶段更适合做的不是大而全，而是垂直品类。

还有一种论调就是先占领市场，培养用户习惯，可谁又知道这种培养需要多长时间，需要花掉多少资金，多长时间才能盈利。

生鲜电商需要打通的环节和需要解决的问题

第一，产品生产安全问题。

做生鲜就必须有可持续的产品货源，尤其是比较靠谱的货源，现在大家都重视食品安全问题，尤其是国内的食品，暴露出的问题越多，人们就越无所适从，很难判断产品是否安全。

做生鲜之前一定要做好生产上的合作，有固定的产品来源，不是直接去批发市场，去菜市场，去水果市场，随便拿货，就送给用户。现在的用户在网上购买生鲜，如果产品哪个网都能买到，谁会去你的平台持续消费。如果产品的品质无法验证，产品控制得不到保证，货源跟不上，无形中影响非常大，不仅仅是破坏了购物体验，还会抹黑平台。目前来看，市场上的生鲜电商企业只有个别能做到保证货源，控制产品质量。

至于食品安全方面，大家最关心的是农药残留问题，且由以前关心的农药残留量，变为现在关心是否用过农药。没用过的，才不用担心有没有残留的问题。

要想掌控货源和产品安全，就必须提前和果农、菜农签订合同，约定收购数量、收购的大概价格，同时安排好种植上的各个环节，比如，不能用某种肥料、不使用农药等，保证用户能够享用最安全的食品，而且可以作为宣传的噱头，成为自己的一种竞争力，使产品有差异化。

同时为了打消用户对于食品安全上的疑虑，一定要做抽检，由第三方的质检机构来做安全测试，做担保。

第二，分阶段培养目标用户。

虽然前面说过，大部分的生鲜目标用户需求暂时还没有被释放出来，但可以培养用户的消费习惯。这种习惯的培养需要花费一些时间，也需要花费大量的资金去做铺垫。

建议分阶段地培养，用最容易打动用户的品类去吸引用户，比如目前生鲜类最容易让用户产生消费欲望的，一个是水果，一个就是特色肉类、海鲜，还有进口食品。这部分用户有一定的消费能力，有一定文化水平，对食品的要求也比较高，在消费之前会做多方面的调查，包括查看网上的评论、产品来源等。

生鲜电商平台要做的是首先抓住现有消费用户的需求，提供给他们最想要的产品，其次不断地扩大品类，提供其他生鲜类的产品。一次性做大而全的生鲜品类，在盈利模式不能实现的情况下，不仅得不到用户、做不好服务体验，反而会不断增加运作成本。

第三，冷链物流配送的最后一公里。

生鲜行业有句话，就是谁能解决最后一公里，谁就能拿下整个生鲜市场。这在理论上一点没错。生鲜的消费频次比较高，而且附加值少，时效性很强，很多人想吃时，不会等那么久。基本要求24小时内送到，如果是保鲜类的，12小时内就必须送达的。

如何用最节约成本的方式在小区建立供应点，实现各个供应点和仓库直接快速衔接，是生鲜电商的一个重要环节。很多大的电商平台都想解决这个问题，但始终不得其道，因为花费的人力、物力会很大。而且在短期内很难实现盈利。事实上物流配送的问题也是要分阶段解决，重点城市、重点区域、大型小区，先实现单点突破，然后再连成一张网去解决。

储存和运输占用了生鲜成本的1/3左右，生鲜电商整个过程的耗损占成本的1/5左右，三者相加占比是非常之大的。要降低这三个环节的耗损，必须提高客单价，而目前的状况是客单价在100元左右已经很不错了，利润又哪会高呢。

这个问题要彻底解决可能还需要5年，甚至10年，分阶段、分区域来做，就会容易些。同时也要兼顾冷链的发展，目前国内的物流快递发展速度很快，但冷链发展还是很缓慢。大家都知道生鲜时效问题，不仅仅需要速度，物流仓储和配送的时候都需要冷藏，而在这一方面国内的发展还很缓慢。目前一般最有效的方式就是利用第三方冷链物流。

解决最后一公里的问题不是没有可能，比如外卖已经解决了最后一公里的餐饮问题，共享单车解决了最后一公里的出行问题，那么冷链物流的最后一公里该如何解决？关键是成本问题。

在2016年春节之前，大家能明显地感觉到天猫、京东等大平台纷纷发力生鲜品类，利用亏损战略抢夺市场，很多垂直的电商平台都受到了冲击，很多生鲜类平台面临巨大的压力，因为大家经营的产品都一样。2017

年形势更加严峻，能够存活下来的没几家。

根据笔者的观察，国内生鲜电商的发展会有四大趋势：一是社交化直供，二是本地化，三是 C2B 生鲜定制，四是高端进口生鲜。这四种情况其实都在一定程度上可以避免同大平台的正面冲突，拥有自己的特色。

社交化直供特色

笔者在微博上发现很多做农产品做得非常不错的人，也就是大家所说的微电商达人，有些已经逐渐发展成了“网红”。同时在微信上也存在着这么一批做农产品的微商。

他们都有几个明显的特色：一是能掌控货源，自产自销。把控得了货源，就不需要中间环节，因此在价格上也有优势。二是都有一定的圈子，有一群人支持。不是说有多少人，而是有圈子的支持，圈子内这群人也会买单和传播。三是会网络社交。游走于各大社交网络平台，会写文章，会写文案，会玩互动营销。

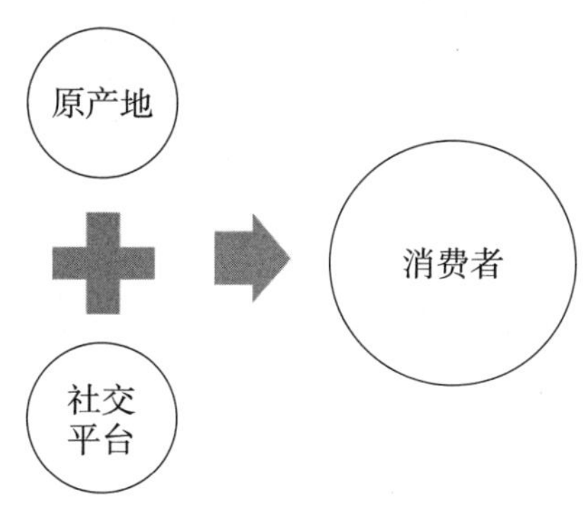

图 15-3　社交平台直供特色

自产自销的生鲜方式，会不断地崛起，无论大的生鲜平台如何玩，这种直销方式只要做好圈子营销，做好品牌，都是有生存空间的。他们大部分都是做特色蔬果肉类、单一品类，比如有做苹果的，做山药的，做蜂蜜的，做橙子的等。

就像网上做脐橙文化节、网络山药节、茶文化节等，单品突破，在网络上建立自己的圈子，有大量网友的支持。同时这些网友也会在社交平台上进行直播，把各种心得体验传播出去，使得创办者能迅速地建立起品牌，实现了盈利。

本地化解决方案

生鲜的本地化其实是最切合实际的。很多蔬果类价格低，保鲜难度高，不易运输，最好的方式是本地消化。本地化可以节省很多成本，如在本市消化、在本省消化，利用各种渠道将蔬果类的产品尽快发向零售终端。

如果没有几亿元的资金，生鲜电商想做全网化是不现实的，将果蔬搬到网上，先做本地市场，去试水，如果模式走通了，盈利了，再扩大规模。很多创业类的生鲜平台都是版图规划很宏伟，目标是几亿的用户，要拿下国内的整个市场，可最后连区域市场都拿不下，没有活到一年就倒闭了。生鲜电商毕竟是“实体＋互联网”的模式，牵扯到很多细节问题，如果不能在区域内盈利，不能降低成本，是没有多少人敢去投资的。

C2B 定制生鲜

定制生鲜这种模式，像是一种特卖，限量限时，按需生产提供；也像是一种定制团购，一般是有一定用户的平台，才可以做。这种类型的产品会有一定特点：一是必须有特色，有季节性，在市场上有卖点；二是有价格优势，批量采购后易于节约成本；三是依靠平台流量，或者本身有一定的号召力，能够销售出去。

按需生产，然后同果农、菜农等对接，在产品还没出来的时候，就已经卖出去了，这何尝不是一件好事呢？这样能够最有效地控制损耗，集中配送，节约成本。这也是最理想的生意模式，能把风险降到最低，但也是最难的模式。

互联网改变了这种定制模式，人们向往纯天然的东西，希望吃到安全的食品。而在互联网上，这些产品能够轻易地进行传递，让目标用户得到。在生产之前就开始预售，按照预售的效果，也就是定制的效果再去生产。

高端进口生鲜

目前进口类生鲜蔬果、肉类，在国内的需求量很大，这就涉及进口电商方面及时效问题。需求已经存在，很多人是为了安全，为了体验国外食品。比如一些平台推出的神户牛肉、澳洲大龙虾等，国人还是很喜欢的。

当然，进口高端生鲜的背后是一长串供应链，这不是谁都能把控得了的，涉及跨境物流费用、冷链保鲜、安全检疫等，要求都比国内供应链的高。跨境电商关税优惠政策也随着规模的不断扩大逐渐消失，所以最后还是看谁整合供应链的能力强，谁才能获利。

跨境电商的机会有多少？只要国内的食品安全问题解决不了，跨境生鲜的机会就一直存在。另外，随着人们收入不断增加，总会对新奇的事物产生好奇，尤其是对具有异域风情的东西，因此生鲜类的高端市场将会越来越大。

不仅生鲜电商领域如此，所有可以零售的产品都是这个道理。一切可以实现销售的渠道都可以去做尝试，变现才是商业的王道。

16

拒绝乌合之众，股权并非是最重要的

创业团队需要做事的人，需要有人一锤定音，利益可以共享，可以平分，但掌控权却不能。

社会上存在着大量的没有主观意识、不会理性分析、不会正确看待事物、随波逐流的人，从管理的角度来说，这类人被称为乌合之众。这容易让我们想起无所事事、没有目标、还整天抱怨的那类人。这些人聚集在一起，成为一个群体，他们能做什么事呢?

群体行为是具有盲目性的，人一旦进入群体，就不善于进行论证，不善于思考问题，仅仅是急于行动，急于达成所谓的集体目标。因为论证需要花费时间，花费精力，还会有很多分歧。但是一旦群体中所有人都开始论证，一起行动，就会形成巨大的能量。而在现实的企业管理中，这种群体论证的行为极为罕见。

尤其是在创业公司里，我们看到的，大多是松散的团队。流程和标准基本是摆设，甚至很多时候会不断出现朝令夕改的政策、朝令夕改的项目，创始人每天都有不同的想法需要实施。

举个例子，曾经和一家拿了近一亿元 A 轮投资的跨境电商创业公司合作过。这家公司有个明显的特征，就是流程和标准几乎没有，没有成文的东西，领导每天都有新想法，下面的人忙碌不堪，但每一个项目都没什么进展，各个部门的工作也没什么效果。

领导属于拍脑门决定方向的人，变化太快，很多方式方法都没能坚持下来，导致员工队伍很不稳定，更迭非常的快。领导很多时候放权下去，却始终用一个标准去判定，就是投入产出比、月度的考核。这本无可厚非，但在电商环境严峻的情况下，无论是运营还是市场，或者是新媒体，在三个月里可能无法做出什么效果。按月度考核来判定，不是很合理，甚至更严重的还出现过按次数来判定的，基本一两次没什么效果就被否定。这是一个迅速止损的方式，但公司业务也会停滞不前。

对于成熟的公司来说，业务稳定，方向明确，有用户基础，因此这种考核是没有问题的。这是一个典型的创业公司，但没能带出一个好的创业团队。创业团队要朝一个方向共同努力，这不是喊口号喊出来的，也不是招聘职业经理人就能搞定的。需要创始人带领所有人一起向前冲，不能彻底放权，除非有强有力的合伙人。

创业公司不需要管理型人才

对于创业公司而言，管理型人才就是那些只会指挥别人干事的人，自己并不会实际操作，或者在很久之前会，但现在不处理具体的事了。一些在大公司做过高管的人来到创业公司，发现很困难管理，自己带的团队效率很低，即使不停地更换那些不合适的人，依然举步维艰，结果这些管理者最后把责任归结于公司、企业领导的问题。

其实并不是这些管理者的能力有问题，因为他们曾经是在一家体系流程完整的公司，不需要部门管理者做更多的发挥、更多的创意。企业本身就有企业文化，有培训部门，有完善的激励体制等，一个员工刚入职，很容易被周围的人感染，从而融入这个群体。管理者的作用仅仅只是监督执行，他们不需要考虑团队建设等其他的事，也不需要设计合理的激励惩罚措施，一切都在大的框架下有效运行。

若管理者站在错误的位置上，就容易产生负面作用。因为企业处于草创阶段，很多事情需要管理者亲力亲为。团队的成员也是一样，每个成员都身兼数职，而不是像大企业那样，一个萝卜一个坑，各管各地干活。创业团队就是一个萝卜多个坑，尽量地减少成本。这需要团队的领导者身先士卒，自己就是团队的典范，一旦成员遇到工作上的任何难题，都能够去指导解决。

推诿是团队的死穴

遇到事情后，如果有一个人开始推诿，就会引起团队成员效仿，因为人人都有逃避责任的心态。职场上从来都不缺乏这种人。推诿的主要表现，就是遇到事情，不断地挖掘相关部门的问题，弱化自己的问题，说了一大堆的问题和担忧，也给不出有效的解决方案。

再说一个亲身经历的事情，有一次参加一家电商公司的总结会。这家电商在一次大促之后，产品销量无几，各部门负责人都来作总结。这是一家创业刚一年的公司，接下来发生的一切，简直令人瞠目结舌。讨论的核心问题就是：销量不行，谁的责任?

运营部门首先分析，主要原因是流量太少，当天的流量仅仅是平时流量的3倍，而销售任务都是平时的10倍；流量转化率很低，主要因为当天来的流量不精准，市场广告投放有问题；活动力度太小，采购不给力，没有拿到更多的产品支持。貌似分析得很有道理，但结果就是一个：做不好的原因有很多，但基本与自己部门无关，都是别人的原因。

市场部门接着分析，流量只是平时的3倍，关键原因是公司给的推广费用太少，推广部门不能大展拳脚；部门新招的美工文案水平不够高，人事招聘的时候只为降低成本，不看人员技术水平；优惠力度低，转化率太低，用户口碑差，以后的二次营销更困难了。

图 16–1　团队的力量

这仅仅是两个最大部门的总结，其他部门的总结大同小异，反正就是相互推诿责任，谁都不深刻检讨自己的问题，不给出解决方案。整个会议持续了将近两个小时，却没有任何结果，最后一个副总竟然还扯到了公司的 Logo 设计、品牌名称等问题，说是这些影响了营销，影响了传播，从而影响了转化。

这就是公司的风气问题，一个人的推诿，影响到了整个团队。没有人愿意承担责任，没有人给出解决方案，会议就是在浪费时间。

会后笔者给了几个简单的建议：

第一，对于流量少的问题，市场部门要负 90%的责任，从来就没有什么精准的流量，只有相对精准；对于转化率，市场部门也要负一定的责任。这些是市场部首先要总结的，而且必须给出相应的解决方案，其他原因可以提，但不能本末倒置。

如果在资金多少上较劲的话，那就说不通了，花钱办事，这种事情谁都会做，按这种逻辑，市场部门可以不存在了，把推广引流的事交给外包公司就可以完成。市场部门要做的不仅仅是流量，更重要的是在控制成本的前提下，如何获得比市场平均价格更便宜的流量。

第二，转化率是运营部门应该解决的问题，运营部门需承担至少 90%

的责任，不能把转化率低归结为流量不精准，也不能归结为活动力度不足，这些本就是由运营部门负责、策划的。转化率低有很多的原因，但几乎所有的原因都集中在运营部门。比如，页面的视觉、图片美观度、代入感、客服的服务态度、活动产品的选择、折扣力度、优惠方案等，这些都是运营部门的责任，一一分析这些问题，然后给出具体解决方案。

第三，至于Logo和品牌名称等，不要太纠结这个问题，这些压根不是大促活动失败的主要原因。如果非要纠缠的话，那么公司的每个流程、每个人、每个细节都会是原因，说起来就没完没了了。

总结会的重点也应该放在解决方案的讨论上，认识到自己哪里做得不好，应该如何解决。其实很多公司都存在这种情况，但置身于这种状况之中，是很难意识到自己的问题，因为周围都是这样的人，一旦与众不同，就会受到排挤，甚至承担更多责任。所以对于这种推诿的现象，一旦发现有人开头，就应该立即遏制。

所谓的自由工作时间就是"扯淡"

如果群体的素质还没有达到相当高的程度，那么群体中任何个体都是没有什么自觉性的，当然也不能给他们太多的自由，过多的自由就是懒惰的开始，这在国内尤为明显。很多年轻人甚至职场中的中年人，都缺乏自律性。自由工作时间被宣扬了这么多年，很多人推崇，但鲜有成功者。

在国外，确实有不少成功的互联网企业采用自由工作时间制度，这要取决于个人强烈的责任感意识。一些国内创业型电商互联网公司也曾经实践过自由工作时间制度，但最后发现，越来越多的人开始迟到，开始上班越来越晚，工作效率也越来越低，团队配合几乎没有默契，更别提为公司做出贡献了。有时候甚至忘了自己约了客户，造成极为恶劣的影响。

实行自由工作时间的前提，就是把自己的本分工作做到最好，那就可以自由安排自己的上下班时间，但这仅对于那些不断追求完美的人而言，而现实中混日子的人比追求完美的人多得多。员工对于这种事很向往，但创业类并不适用，而且这种方式只适合少部分搞创意的人、做互联网技术的人。所以在整个大环境里，在大家还没有高度自觉意识的时候，千万不要实行这种自由工作时间方式，它不会让工作事半功倍，只会培养一批懒惰的人。

创始人要有独断的能力，招纳真正做事的人，培养团队

创业公司大多时候是不需要民主的，创始人要有独断的能力和魄力，可以力排众议，确定方向，确定运作方式。有些时候讨论就是浪费时间，一家创业公司就应该有创始人的风格、创始人的影子，以及创始人的做事方式。

团队需要的是可以落地执行的方案、最适合目前企业现状的方案，而不是那些无聊的建议。那些建议表面上很有道理，但由于受种种条件限制，没有操作的可能性。就好比经常会碰到一些做市场的人，他们开口就是我们可以和电视台合作做视频节目，可以在地铁、公交做广告等。还是上文说过的：花钱的事谁都会做，没必要外包他人。

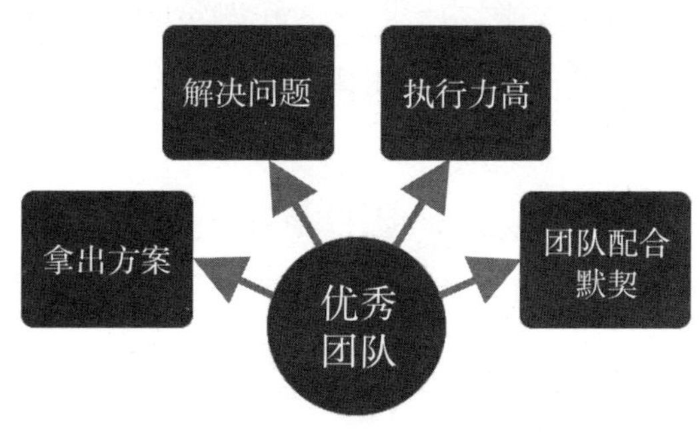

图 16–2　优秀团队的标配

真正做事的人，是那些能够动手解决问题的人，能给出解决方案，并且能协助一起实施。公司没有发展到一定规模，并不需要那些只会做管理的职业经理人。

这里其实涉及团队培养的问题，把一群毫不相干的人组织在一起，挖掘集体的潜力，这是个技术活。团队的威力不在于成员中“牛”的人有多少，而在于各成员之间的默契程度有多高，工作安排是否合理。

那么一个团队需不需要个性呢？一定是需要的，但需要的是整个团队的个性，而不是某个人的个性。团队工作时，队员必须服从团队意志，放弃失去个性，转变自己的想法，大家合力一处。比如团队要为一次营销做方案，方案出来后，有多个版本，各有自己的道理，营销的效果很难预测，所以选择任何一种方案都存在风险。这个时候就需要有人妥协，妥协的方式就是保留自己的方案，然后认真配合对方一起去执行被确认的方案，即使觉得自己再有道理，也不要产生任何抵触情绪。

融资不可避免，做当下最好的选择

创业最主要的就是找到一起做事的人，同时也要给予创始团队相应的股份或期权，别总想一个人独占股份，那样是招揽不到有才能的人的。至于给予创始团队多少股份，就要根据每个人的能力和贡献来划分，最少不低于 5%，最高不高过 20%，因为一般在 A 轮融资的时候是不稀释团队成员股份的，只稀释自己的股份，这样的团队才具有很高的凝聚力，有了共同的目标，一起努力。

创业公司融资是不可避免的，但在融资的过程中，不是每家都能成为香饽饽，被资本青睐。天使投资人也并非都是天使，资本一直在寻求增值，寻求产生效率最优化的机会。天使投资人、基金经理、风险投资者，都是久经商场的生意人。

投资的目的就是盈利，所以在投资的过程中难免会出现关于占有股份多少的纷争。很多创业项目因为融资的问题被搁置，大部分问题都出在这里：坚持了自己占股的份额，却让项目最后消失了。

这些都是得不偿失的，需要融资的时候，企业最缺的就是资金。资金来了，就要舍弃一些原来坚持的东西，让资本有更多预期的收益。所以，做当下最好的选择，永远是最正确的道理。

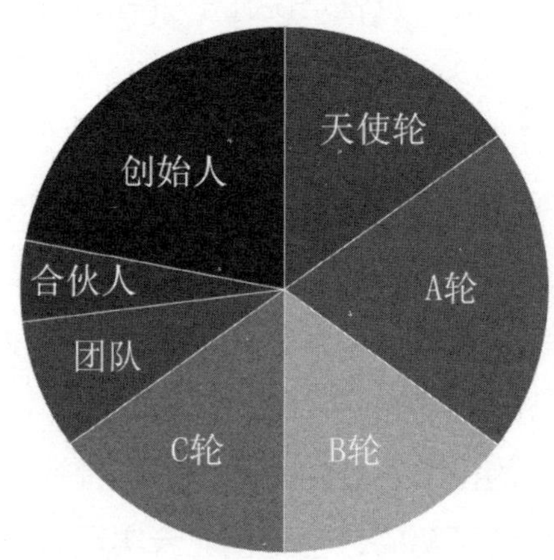

图 16-3 理想化的股权结构设想图

这很容易理解，如果项目现在融资 500 万元就可以继续做下去，预期一年后会盈利；如果没有这些钱，则连最基本的人员工资都发不出。这个时候资本来了，给你 500 万元，但要占 20%的股份，若你坚持 500 万元资本，只能占 10%的股份，毫不松口，最后资本走了，你的公司继续寻找资本，最后入不敷出，面临破产。

这是一种极其愚蠢的行为，出让 10%的股份，融资 500 万元，相当于公司的估值已经达到了 5000 万元。这个估值是否合理，有待商榷，而且资本和创始人对于公司的估值很多时候也很难达成一致。这个时候能做的就是下决心，放弃一部分的利益，这也是丢车保帅的做法。这个选择是对的，即使将来公司做得很成功，也没有什么可后悔的，因为做了当时最正确的选择。

股份并非最重要，但不要失去控制权

对于创始人而言，可以失去 50%的股份，甚至更多，但一定不能失去控制权，也就是话语权。创始人因为失去话语权被赶出管理层的情况出现过多次，在互联网电商企业里尤其严重，因为国内的电商和互联网企业发展，就是伴随着资本而生的，也就是说几乎所有的互联网电商公司都是在资本的呵护下长大的。

当资本介入的时候，就应该明白，资本是一定会要求拥有话语权的。企业越是发展，规模越大，盈利越多，资本需要实现的权利也就越多。对于资本而言，投资本身就有对赌的性质，成功是个概率事件，要想这些项目成功，必须先补足那些亏损的项目，并以此获得丰厚回报，而抓住控制权，意味着能够为自已争取更多的利益。

股权是股东所享有的投票、分红、选择管理者等综合性权利，股权控制是每一位创业者都应该了解的，也是创业者实现对企业拥有控制权的一种方式。很多创业公司在上市之前就经历了大概三轮融资，两轮过后，一般创业者已经失去了51%的股权，按照国内“同股同权”的原则，也就失去了对公司的掌控。

当失去股份的时候，创业者可以选择通过多种方式去增加自己对公司的实际控制。国内也已经有很多成功的案例。

第一种，AB股。

AB股权制度，简单点理解，就是双层股权，把公司股票分为A、B股两类，对外发行A股，每股只有1票的投票权，管理层手上持有的属于B股，B股1股就拥有10票的投票权，B股不能公开交易，但可以按照1:1的比例转换成A股。

基于这种双层股权结构，创始人和管理层在公司上市后仍保留有足够的表决权控制公司，而投资者不会拥有太大的话语权。近几年有很多公司采用了这种AB股权的模式，京东在上市的时候把这种制度推到了公众眼前。

京东、百度、360的AB股权制度是怎样的呢？就像京东在IPO的时候，刘强东持有公司21%的股权，但根据AB股权结构，他拥有20份投票权，因此可以控制公司83.7%的投票权。设想下，一个公司的董事会在做重大决议的时候，必须有超过半数的票是投赞成的，在京东，如果刘强东不出席董事会的话，董事会甚至无法正常召开。

同时也提醒大家，在学习这种AB股权制度时，要知道，这种方式对创始团队很好，对管理层很好，但对投资人的权限有太多的限制，选择这种方式，无异于在找投资的时候会困难重重，很难有投资人同意缩减投票权的。也就是说投资者很难接受这种方式，所以并不是每个创业者的最优选择。

而京东、百度、360等属于明星企业、潜力很大的企业，投资人才会同意这种方式。也就是说如果企业很“牛”，模式很好，预期的盈利很高，这个时候是投资人追着你，而不是你去辛辛苦苦地找投资，这样你就拥有了主动权。

这些公司创始人的能力是被资本认可的，资本确信这些明星创始人可以让企业发展得更好，自己也能因此获益，那么可以放弃控制权了。

笔者在很多场合讲过，资本是要赚钱的，如果企业能让资本赚到足够多的钱，资本才不在乎什么控制权和投票权，资本的目的不是要经营、管理公司，是靠钱的流动赚钱。即使投资方通过股权控制董事会，更换管理层，最后也是请职业经理人来管理公司，因为原来的管理团队让投资方看不到盈利，看不到未来的变现，所以才会通过自己的方式去维护自己的权益。

第二种，合伙人制度。

“合伙人”在《合伙企业法》中有明确规定，是指共同出资、共同管理企业，并对企业债务承担无限连带责任的人。合伙人既是企业的所有者，又是企业的管理者，同时也是企业债务不可推卸的连带责任人。

这里谈谈阿里的合伙人制度，阿里的合伙人身份不等同于股东，但必须持有公司一定的股份，在60岁退休或者离开阿里的时候退出合伙人。合伙人并没有取代董事会管理公司，只是在合伙人会议上拥有董事会成员候选人的提名权，也就是董事会的人拥有控制权，合伙人不承担连带责任，主要是在精神层面履行责任。

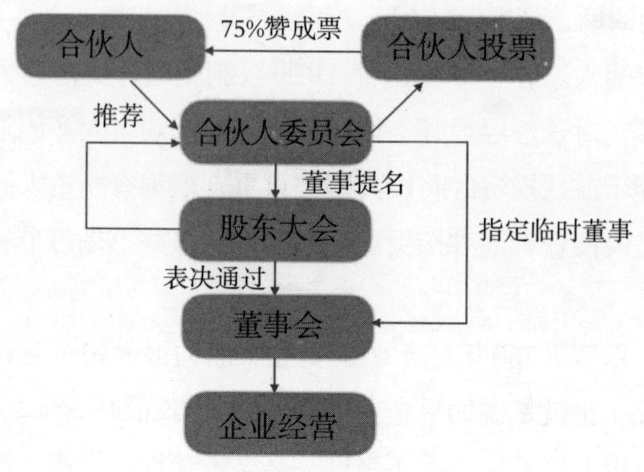

图 16-4 合伙人组织架构

也就是不改变企业股东的构成，但是可以通过合伙人来控制董事会，间接地控制整个公司的发展动向。从阿里的招股说明书中可以看到，任何时间、任何原因，当董事会成员少于阿里合伙人所提名的董事人数的时候，阿里合伙人有权指定董事会成员，以保证董事会成员中多数是由合伙人提名的。

也就是说，无论股东大会是否同意合伙人提名的董事，合伙人总能让自己提名的人行使董事的权利，其实阿里已经通过这种合伙人制度实际控制了董事会。当然，合伙人制度还有很多的细节、很多法律上的程序问题待解决，但总体上来讲，这种制度还是保护了创业团队的权利。

还有一个问题，就是该制度主要适用于美国资本市场，而国内 A 股市场和香港证券所，还是遵循“同股同权”的原则。合伙人制度和 AB 股制度一样，很难在国内上市，最后只能去海外上市了，不过不是所有的公司都需要上市的，上市的目的也是为了融资而已。

第三种，当要失去 51%的控股权之后。

国内证券市场上实行的是“同股同权”的制度，当资本介入，创始团队失去 51%股权的时候，就应该注意了。股权和投票权必须拥有一种，引入投资是因为公司缺钱需要进一步发展，上市也是募集资金的一种方式，但毕竟创业项目是自己的，必须通过一种方式来控制公司。

国内很多创业公司有一个很奇怪的逻辑，就是创业之初的目的就是为了融资，一个小的创业团队有了一种新的想法，为了追逐当下的潮流，就去融资。公司本身并没有可盈利的模式，有人喜欢把这些归咎于规模太小，认为拿到钱了就可以做规模了，有了规模才会盈利。这种逻辑就是一种不可能盈利的逻辑，就算规模再大也不可能盈利。如果创业项目在很小的时候，就可以盈利，哪怕是很少的盈利，就能证明它的模式是对的，可以慢慢地做大。

资本被请来后，企业会快速发展，但此后，就会出现 A 轮、B 轮、C 轮，一直融资下去。融资的轮次越多，股份就会被稀释得越多，规则也会越来越麻烦，几轮融资过后，创始团队还能保持 51%股权的就很少了。

失去控股权之后，套现其实是件好事，无论是被收购，还是被大股东赶出管理层，能套现就是创始团队最后最优的选择。在这个环节是千万不能犹豫的，因为资本在开始给你讲规则、开始行使自己的权益的时候，就已经摊牌，资本要收割成果了。

这个时候讲情怀是没有用的，就算激起大众的情绪也没有用，事情发展得越激烈，对创业者发展之路的负面影响也就越大。而规则是法律的规定大于一切。

最后我们发现，要想打造一支无坚不摧的创业团队，最好的方式就是用制度去规范它，创始人亲自去培养、打造团队，然后再去用股权激励，不要吝啬股权，即使在融资的时候，也是一样，做当下最正确的选择，但始终要牢牢把握住控制权。

17

对“人就是下一个入口”的正确理解

“人这个入口”在未来几年将会被发挥到极致，人可以传播任何信息和产品，品牌人格化即将到来。

阿里、京东已经占据了国内电商市场80%左右的份额，剩下20%的份额也被唯品会、苏宁易购、当当网、国美在线等少数几家占据。再加上2015年的合并潮，很多电商类公司基本被BAT（百度、阿里巴巴和腾讯）收入囊中。混迹于电商行业的创业者都在讨论，电商市场创业到底还有没有机会。事实上，国内电商细分市场大部分还是空白，这些细分市场每一个都足以满足很多创业者的需求了。

之所以谈这个问题，是因为受电商市场的影响，电商人太浮躁了，尤其是电商行业的创业者，总是怨天尤人。也时常有人在网上咨询，觉得做电商创业已经没有机会了，认为电商已经被淘宝、天猫、京东、唯品会等占据，在电商行业创业就是死路一条，那么电商人该何去何从呢?

现实真的是这样吗?从电商占整个零售市场的比例来看，份额还是相当小的，不到10%，还有90%的份额靠其他渠道来实现。这足以说明机会还是很大的，我们既然无法和这些大平台正面对阵，何不寻找单点突破呢?

这些大的电商平台虽然体量大，用户多，但很多细分类目、很多品类做得并不是很好。尤其是进入移动电商时代，一切都在碎片化，除了大中心之外，还有无数个小中心正在逐渐形成。比如炒得很火的“网红”，每一个“网红”就是一个小中心，还有自媒体，每一个自媒体就是一个小中心，这个在前面的章节已经详细论述过了。

对于这些细分市场，该如何去做突破呢？责任就落在了“人这个入口”上。这个“人”要具备什么样的品质，才能够撑起一个细分市场，才能成为一个“入口”呢？罗辑思维创始人罗振宇曾经在2016年年初的时候说过“人就是下一个入口”，当时很多人都不理解，但到了2017年年中的时候，“网红”直播迅速崛起，大家看到了“网红”的商业化，这个“入口”基本明了。

每个创业者都是“入口”，是最大的差异化

创业的时候，我们一直在讲差异化——模式差异化、产品差异化，这些差异化有多大的发挥空间？可以说很少，尤其是在一些技术水平比较成熟的行业，比如空调、冰箱、电脑、手机等标准品，还有食品、生活用品、纺织品等，这些行业短时间里在技术上很难有大突破。家电、手机类，无论外观还是性能都很类似了，一款新的产品设计出来，没过多久其他品牌都会跟上来，食品、生活用品等更不用多说，同类产品非常之多，可替代的产品就更多了。

创业者也不可能都去做科技创新类的产品，这种产品就算出来，很快会被其他同行模仿，差异化也就不存在了。这是一个不缺产品的时代，产品的泛滥程度已经到了即使直接砍掉一半，对市场也不会有太多影响的状况了，也就是供给过剩，存量太大。

同时消费者的理性消费观念在不断提升。生活压力大的时候，会思考如何购买到最高性价比的东西、最适合自己的东西，从而抑制冲动性消费。但就算在理性消费观不断深入的情况下，人们也不可能了解每一个行业、每一款产品，这个时候筛选的最好方式就是找到这个行业中自己最信

任的人、最认同的人。

按照这个逻辑去推理，所有的创业者应该做的就是将自己所有的精力都倾注到项目里，倾注到产品里。将产品打上自己的烙印，为自己的产品站台，亲自宣传，产品的质量就是自己的人品。无论是产品品牌、产品包装，还是产品故事，都要具有创始人的个性。

人要走在产品的前面，人就是流量入口。每一个人都是一个独立的个体，是无法被复制的。无论是形象，还是观点，都会含有浓重的个人色彩，会被一部分人认同，这些人会通过认识你，从而认识你的产品，赞同你的观点，最后信任你的产品。

寻找特定的人群，提供特定的产品和服务

人成了“入口”，就能带来流量，也关系到产品的成败，因为人和产品已经是一体了。那么就要想到给自己定位，给自己的产品定位。

说到这里，有点像会员制了。做过消费市场等级分析调查的人都应该清楚，在电商领域打拼的人，应该更容易察觉，国内的消费质量在提高，尤其是已经进入了由买便宜货到买品牌货、买品质货的阶段。电商购物初期是以低价格为亮点的，大量的廉价货吸引了网购的第一批用户，促成了电商大市场的形成。

到了2016年，第一批网购用户已经陪伴电商10多个年头了。在这10年里，用户的购物行为有了很大的变化，这些人也从职场小白变成了高级白领，从学生到职员，从打工者到老板。在这个进程中，相应地，他们的收入也在变化，对生活品质的需求也在变化。这些变化是非常明显的，各大电商平台也在应对这种变化，比如天猫给品牌旗舰店的权重越来越高，招商对象开始倾向于传统大品牌企业，同时跨境进口电商的份额越来越高。

消费已经逐渐回归理性，理性的消费者都有一个期望，就是高性价比、优质服务，或者特定的区别于一部分人的服务。对于专门打造的、特供的这部分服务，他们是愿意付出更多金钱的。人们的心里已经有了这种

想法，就是要和别人不一样，否则就像“撞衫”似的，是一件很尴尬的事。

此时定制和会员制就有了市场，无论这个市场在现阶段多难培养，这都是一个趋势。互联网虽然造就了免费经济，但不是所有的东西都能免费，那些基础服务可以免费，因为在数量达到一定程度的时候，服务成本是可以忽略不计的，但对于增值类的服务就要付费了，总要有赚钱的项目。

把 H5 作为载体就可以搞定一切

考虑移动互联网的创业机会，一些人总觉得要做一个 APP，凡是移动互联网的创业公司，也必然会做一个 APP。即使需要依靠自己去宣传，但也总得有个载体，有个可以分享的东西，能够代表自己，所以 APP 就显得比较重要了。考核的指标就是下载量和注册用户数，至于长期留存率，就很难把控了，推广时期“烧钱”——送礼品下载、送现金下载等，等“免费午餐”没有了，用户也大量流失。

回过头来想想，从最基础的概念出发，移动互联网的载体是手机，用户的一部手机会下载多少 APP，会使用多少 APP？不要认为国内用户基数庞大，就去推算目标用户有多少，只要这些目标用户中的百分之几使用就可以支撑项目，这是理论上的推断。现实情况是大部分目标用户，以及非目标用户，他们的基础需求是相同的。

随便做个调查，身边的人会装载什么 APP？大部分都是微信、微博、淘宝、京东等，最多也不会超过 100 个。无论移动互联网时代再怎么发展，APP 都是没有市场的，到 2016 年基本都消失了，只剩下那些拥有千万级以上用户的 APP 了，不过游戏类除外。

2016 年 10 月，微信之父张小龙推出了小程序，大家就猜测有多少 APP 会被小程序干掉。事实上，基本不关小程序的事，APP 本身就没有多大的市场需求，被淘汰是自然的。

这个时候谈移动互联网时代的细分市场，首先就要排除 APP，不要去做 APP，要做的仅仅是一个 H5 页面，相当于一个微商城、微官网，或者利用小程序做一个二次开发，将这个页面嵌入到大部分用户常用的几款 APP 里就可以了，比如嵌入到微信公众号、嵌入到微博等。再链接上支付宝、微信支付、第三方微店等，一切都会变得简单。

创业者需要做的是建立一个通道、一个链接，这样做的成本远远低于其他方式。这种方式就叫作借鸡下蛋，学会借势。

先寻找细分市场，再去人格化

笔者在微博上分享过很多次做细分市场的机会，但很多人并不知道什么是细分市场，如何寻找细分市场。这个可以从多维度去划分。

第一，消费层次细分。

是指专注为年收入在某一水平的用户提供产品和服务，这个概念其实有点模糊，细分得不是很明显，但是最常用的。在某些定制产品、定制服务上是很容易进行区分的，比如说专门为年收入在 20 万元左右、20—28 岁的新婚年轻人提供定制家具，那么在风格上就要更倾向于简洁、欧式或者美式风格，专注这一细分，做到极致，自然有市场。因为在不同消费层次的用户，喜欢的风格也各有不同。

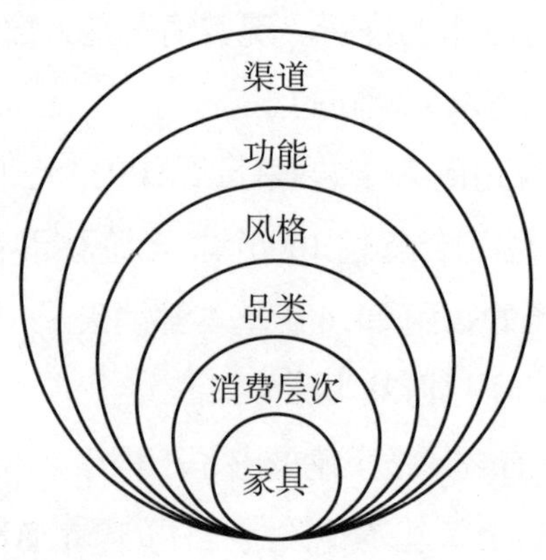

图 17–1　每一个层次都能细分出多个市场

第二，品类细分。

上文有提到，要在某些品类做最专业的那个。综合型大平台的缺点就是不够机动灵活，服务标准很难统一；大众消费品种类重复繁多，而品类挖掘深度不够，因此要做品类细分。很简单，拿卖鞋子来说，每个大电商、大平台都有非常多的商家在卖鞋子，常规码数的鞋子都有，但不是所有款式的鞋子都有超小码、超大码。为了周转率，商家经营的款式品种都有限，基本是各自为政。虽然有大码鞋店，但不一定有顾客喜欢的款式，这就是行业痛点。

那么第三方入驻大电商平台能否解决这个问题？肯定解决不了，按目前的形势来看，爆款和畅销品等依然是各个商家的主导，追求销量的平台，会忽视一部分忠实用户。那么这个时候机会就来了，可以把一个品类做到极致，把这些痛点都尽量解决。

第三，把某一风格做到极致。

按风格去细分市场，服装、家居、电器等都有风格的划分。从风格出发，做某一种风格的佼佼者，比如古典风、美式、欧式、地中海式、现代中式等。

第四，定制的新风潮。

消费升级必然推动个性化发展，个性化是需要定制来满足的，也就是大家常说的 C2B，定制市场大平台很难操控，是属于千万小个体的春天，在移动端可以做定位，可以做推送。实体店利用好了互联网，机会将比前几年 PC 电商时代更大，覆盖的范围也更广。

定制方式会扩展到很多品类，同时也会促进很多实体店的升级，比如商品定制类，包括服装的定制、家具的定制等；服务定制类，如定制婚庆、定制私人旅游服务等。

第五，关注留存，而不是流量，否则很容易误入歧途。

现在流行的说法是，流量就是一切。毫无疑问流量很重要。但很多的创业者在理解这句话的时候有些偏见，为吸引流量，投放广告的费用越来越多。有那么几个用钱“烧”出来的大项目成了榜样，但毕竟是个案，全看到资金有多少，“烧钱”能持续多久。

投放广告，吸引流量，对于创业项目是必需的。在做细分市场的时候要考虑清楚，什么时候，如何投放？做到分阶段、分批次地吸引流量，重点关注留存率。如果留存率很低的话，一定是在某一方面没有做好，没有准备好迎接这么大的流量，同时不断“烧钱”引进的流量都被自己浪费掉了。

这个很容易理解，但很多人却做不到，互联网给人的感觉是我必须加快速度，再加快速度，迅速占领市场，否则就会被市场淘汰。关注了速度，符合了市场的需求，却忽略了自己的各个环节是否足以支撑这样的速度。

既然明确了自己做的品类、要面对的专业人群，这个时候就要深耕了。在不脱离这个细分市场的情况下，把自己的产品线延长，不断优化自己的供应链，需要专业的人去做。在这一点上，一直主张大家打造自己的品牌，把品牌资源、原料供给等每一项都做到足够好。

没有自有品牌，把握不了供应链，细分市场就和你没关系

前面我们提到了大电商平台对生鲜细分市场创业者的狙杀，其实不仅仅是生鲜品类会遇到大平台的狙杀，其他品类也一样。比如说进口电商，包括做红酒的、做零食的、做服装的、做电器的，做的全是国外的品牌，这是非常危险的。

2016 年年底的时候，能看到大量的细分平台已经消失了，同时还有很多寄居在大平台上的专营店被关闭。这些电商都没有自己的品牌，代理别人的品牌。它们的命运早已注定，消亡是一个明显的趋势，无论从哪个方面来判断，都会是这个结果。

比如说从大平台的打假现状来看，很多多级授权店会被直接关掉，即使不被关掉也会隐性降权，因为平台无法掌控其产品的渠道来源，用户也很难辨别其产品的真假。平台为了博取用户的留存，必然会采取一些手段。

再进一步分析，从对生产环节的把控，到对供应链的把控，都存在很多的技巧。2015 年年底，锤子手机的生产商倒闭，对锤子手机的影响很大。大家记得罗永浩的那一句经典的话“通往牛×的路上风景差得让人只

想说脏话”，其中吐露了创业者多少的无奈，虽然他的创业精神和热情是值得每一位创业者学习的。但当无法掌控供应链时，就无法跟上节奏，市场可不管你在背后有多努力。

为什么一定要做自有品牌？这里有两个原因，大家从分析中，尤其是从对细分市场的竞争力和生存能力的分析中，也可以看到电商中的一些做法。

第一，电商的细分市场还有很多机会，做“二道贩子”是没有前途的。“二道贩子”做的是转手的生意，赚的是服务费。做电商细分市场，如果大量地使用别人的品牌、别人的商品，不管什么品类，都很容易被别人掌控。供应链在别人手里，自己是没有话语权的，加价的空间也是有限的，不能掌控成本，也不能快速灵活地应对市场变化，就很难保证利润。

笔者在从事电商零售几年间，从传统企业到电商，和供应商、厂家等打过无数次交道，当采购量达不到一定程度的时候，一般话语权就很有限了，尤其是讨价还价的能力严重受限。

第二，自有品牌必须有核心竞争力。

电商创业者有这么一个担心，就是自己做的细分市场一旦有大平台进来，将如何应对？事实上，大平台已经打垮了无数个细分平台，其原因就在于做细分市场的平台没有核心竞争力，品牌都是供应商的，大平台通过利益诱惑很容易拿走其最好的产品、最畅销的产品，通过大批量采购可以拿到更优惠的价格，以打击小平台。

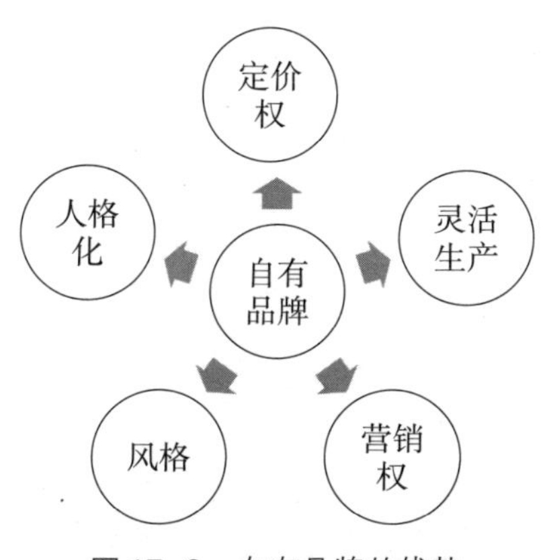

图 17–3　自有品牌的优势

一旦有了自有品牌的时候，情况就会完全不一样了。本身创业者把自己当成了一个流量入口，自己的品牌已人格化了，在促进消费者下单的过程中，创业者的影响力发挥了作用。但是这个入口只是把用户带来了，至于是否下单，还要看产品和品牌到底如何。

创立自有品牌这种做法，传统连锁零售巨头国美和苏宁早就采取了，因为之前大批量采购对供应商压价格，垄断渠道，之后供应商联合抵抗，抵抗的方式就是不供货，抬高价格。这个时候，大平台就算有布局全国的卖场，也无货可卖，一切都是枉然。后来它们就聪明了许多，在各个品类都布局着自有品牌，掌控生产货源和品牌，增加自己的谈价砝码。

避开价格战和大平台狙击最有效的方式就是品牌，每一个人都有自己的故事，每一个品牌也应该有自己的故事。至于为什么不涉及产品的质量问题，因为质量是一切商业行为的基石，根本没有必要再拿出来说，这是必须做好的。

产品与产品之间、服务与服务之间，都可以对比性能，对比技术，对比包装，对比服务标准，但无法对比创始人的个性，无法对比品牌的个性。

18

细分市场就是公司媒体化

垂直细分市场的创业机会还有很多，但前提是需要有一个流量入口，先做流量再谈市场。

我们一直在讲，打造一个像淘宝、京东那样的平台已经不可能了，但垂直细分市场还有很多的机会。可是真正把垂直细分市场做好的电商平台又有几个呢？大部分会被市场淘汰，平台没有了吸引力，用户黏性也就不在了。

先说说垂直 B2C，垂直 B2C 就是做一个官网商城，自己做交易平台，推广找流量。需要自己供血，自产自销，这就是一个难点，涉及商业运作的各个环节。典型的垂直 B2C 就是自己做个 APP 或者网站，卖商品或者提供服务。从 2010 年开始，垂直 B2C 平台的存活率连万分之一都不到。

找到细分市场很容易，但流量入口是关键

垂直 B2C 消亡，从表面上看，几乎都死在了没流量上，花了大把的资金去吸引用户，可是最后用户却越来越少，高成本吸引来的用户瞬间流

失。腾讯有QQ、微信社交的流量入口，所以可以在游戏行业大显身手，无论什么游戏都能很快推到用户手里。

在前面章节讲到社交平台引流、自媒体引流，但面对一个垂直B2C平台，这些流量未免有些零散，也不足以支撑整个平台运作。能够支撑一个细分领域的流量，必然是一个黏性很高、很专业的平台。

我们很容易发现一个问题，就是在互联网电商行业创业的，除了那些个别天才外，大概分为两种，一种是擅长互联网的、一开始就在互联网行业混的。创业的时候，其一切的运作方式、推广方式，都偏向互联网，比如对流量很执着，热衷于全网布点，迅速打开市场，总结起来就是一个字"快"，生死存亡基本不超过两年。

另外一种创业者，就是在传统行业混迹了十几年，之后转行到互联网，然后创业的。这类人有一个明显特征，就是很会经营，很会做生意，也很会算账，执着于投入产出比，这在一些互联网人的眼里就是短视，就是不懂互联网思维。

但你不得不承认，社会财富大部分都掌握在50岁左右人的手里，这部分人基本是通过做传统企业起家的，思维和专长都在传统企业这块。

这两种创业者都很容易发现细分市场，很容易找到供应链，知道如何去找到新用户。但多接触一些创业者，会发现，这两类创业者所遇到的困境很难解决，就是他们定位很准，供应链掌控得很好，产品也做得很好，但是对于流量的节奏把控不好，创业项目死于此种原因的比比皆是。

互联网人才创业的"死结"——流量入口与平台的适配度

找到细分市场后，互联网型人才最大的困境就是守不住打下的江山。他们很容易通过各种渠道吸引到新用户，却不善于经营。对于品牌、产品、服务等都不怎么擅长。可知无论是什么时代，能留住用户的永远是产品和服务，不是创业者的情怀，也不是各种噱头十足的促销活动。

细分市场要有足够的黏性，就要足够的专业，留住用户，产生重复消费。黏性就是更多地占用用户的休闲时间，而他们除了购买商品花费的时间，还愿意花多少时间来这些平台呢？这就要考虑到利用什么样的方式来激活用户，投其所好。

比如把军品这个细分市场做得很好的铁血军品行，有很多东西值得大家学习。这个平台定位于只卖军品，由铁血网延伸而来，加上铁血论坛、铁血社区等，把军迷们集合在一起，讨论军事。聚合军事新闻、军事论坛、兴趣社区，然后把对这些感兴趣的用户引流到铁血军品行的官网，做军品电商，用户精准，客单价高，已登上新三板。

我们能够看到这家网站的整个生态链：流量先行，有了固定的流量入口，再配合这个流量入口，发展细分市场，而且流量与平台售卖的商品是完美契合的。喜欢看军事新闻的用户，就会对各种军事观点感兴趣，也会对各种军事装备感兴趣，因为装备也属于军事的一部分，而这部分可以转化为电商来做，这部分用户自然而然就成了平台的用户。

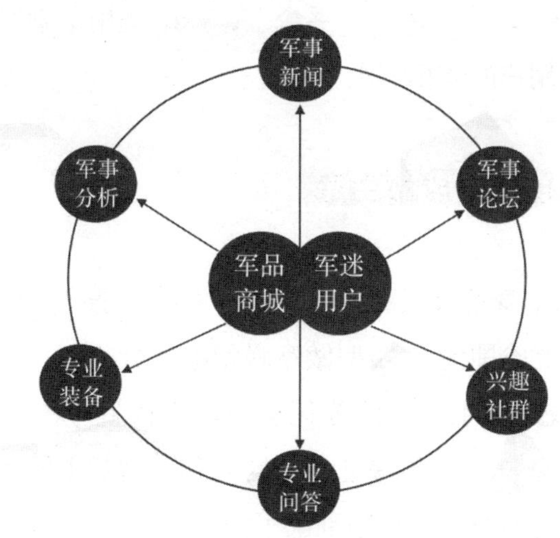

图 18–1 军品网站生态链

笔者更愿意将这家公司定义为媒体公司，它在不知不觉中实践了这个趋势：用媒体化的方式塑造一家有价值的公司。有作为信息传播的军事新闻、军事分析，有作为用户交流的论坛、社群，也有用户关注的专业军品知识、装备搭配等。

这些年很多创业项目都是走了“烧钱”引流的模式，可到了最后发现引来的这些流量根本没有留存，原因就在于流量和平台的适配度不高。创业之初根本没有思考流量从何而来，就天真地认为只要花钱打广告就能来流量，拿到融资之后也没有那么多时间去做一个匹配度很高的流量入口。

再比如汽车之家，是一家细分的门户网站，定位汽车行业，同时向汽车周边产业延伸，包含行业新闻、车型介绍、测评、百科、车商城等，它的黏性流量入口就是汽车之家门户网站，而且用户相当精准。

这些类型的细分市场，根本不怕电商大平台的竞争，用户来这里不仅是购买产品，他们在这里能够花更多的时间释放自己的兴趣，娱乐加消费本身就是用户的一种天然需求。

这才是真正的培养市场，这种流量入口是基于兴趣建立的一个媒体型细分平台，这两个入口整合在一个平台上，一个是用于满足用户的兴趣爱好，另一个是满足用户的购物需求。

把细分市场创业当成做生意

创业和做生意本身就有很高的重合度，但绝不能把它们等同起来。很多做传统企业出身的创业者，转型做互联网电商行业时，就容易犯这个错误，把一切都看成是做生意。认为花出去多少钱就应该快速收回多少利润，就像买卖商品一样，必须保证多少的毛利，这对于做生意而言是没有错的，但到互联网电商行业就另当别论了。

曾经有幸和一位混迹传统企业多年的前辈一起共事，他也是从传统企业转行到电商行业创业的，做的是当时大家公认是“蓝海”的进口电商细分市场。他创业非常的勤奋，也有很多的资源，但融资后的一年里，企业始终没有什么起色。

就拿简单的官网运营来说，一家不被人熟知的网站，在做活动的时候，应该如何去做呢？按做生意的逻辑来说，做活动打折了，就不能再花太多的钱做广告引流，因为会损失更多的毛利。可问题是这个网站本身就没有什么流量，要如何引流呢？没有流量，做了活动又有什么意义？但做生意的人不这么认为，认为两者只能选其一，要么打折损失毛利，要么打广告吸引用户，而且他坚信这一点。

因为这个理论本身就存在套套理论的概念，从哪个角度去理解都是对的，即使认为这是不对的，也无法反驳。就像打折不能有广告费一样，只能去做一些免费的引流，这就是典型的实体店经营模式思维，因为实体店本身有商圈，有固定流量来源，因此这种方式是对的。而互联网显然是不同的，这样做的结果往往是徒劳无功的。

如果一个人和你谈论做生意的道道，尤其是这个人有很多成功的过往，曾经利用自己的那套理论成功过，你再和他灌输新思维、新知识，也很难达成共识。

这里提出一个问题，就是传统企业出身的人，存在创业的盲区，他能掌控太多的东西，但不擅长把这些资源用互联网的方式变现。但他们的思维方式很适合经营活动本身，擅长服务客户。

媒体型电商平台

细分市场就是要做媒体型电商平台，没看清楚这个趋势，就去做细分市场，最后只能陷入流量困境。这些年有太多的人做细分市场，基本都倒在了没有黏性流量入口这点上。靠投放广告，吸引分散的流量，或者吸引其他大平台的流量，成本会非常高。

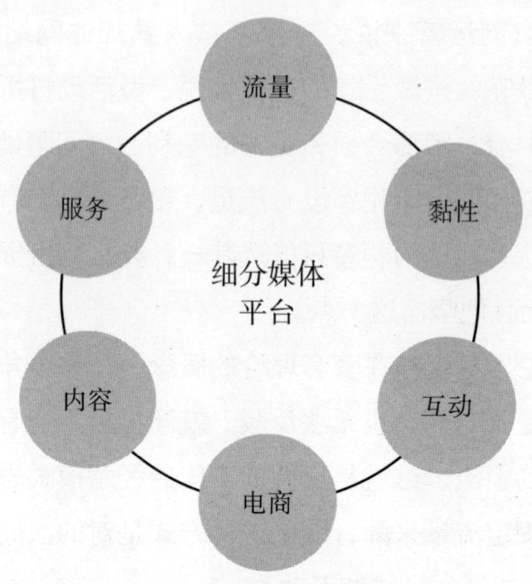

图 18-2　媒体型电商平台的要素

我们说的内容营销、自媒体、互动营销等，都要求建立一个媒体型平台，并且是有黏性的媒体，能够持续输出内容，这样能够持续地吸引新用户，并能够让用户之间相互交流，让用户沉淀下来。无论是哪个垂直行业、哪个垂直型媒体平台，只要有足够专业的内容，都能吸引一部分用户。

一个细分的媒体形成后，就有了流量，之后按照细分媒体的属性，去做相匹配的产品，这就是所说的创业一定要流量先行的道理。先做一个媒体型平台，用信息流来积累用户。

19

红利的终结和新大陆的开始

互联网已经没有红利，基础已搭建完毕，但却隐藏着无数的机会，也在不断地创造新机会。

电商市场已经形成了阿里、京东两分天下的格局。在这种格局下，电商的红利已经殆尽，做电商不是那么容易的事了。开个淘宝店、天猫店就能赚钱的日子已经过去了，以往的电商模式和玩法用在今天基本徒劳无功。

过时的东西就意味着即使付出几倍、几十倍的成本，有时候也达不到预期的效果。尤其是传统企业在做电商的时候，总觉得只要资金雄厚，就能做好电商。沃尔玛、万达等都曾花重金做电商，但效果却不尽如人意。种种现象表明，互联网的红利时代已经结束。

可是我们依然发现，很多人的思维还停留在互联网红利一片的阶段，当传统的经营模式运转不动的时候，才想到了电商，但是这个时候加入，最起码应该认清存在的这些问题。

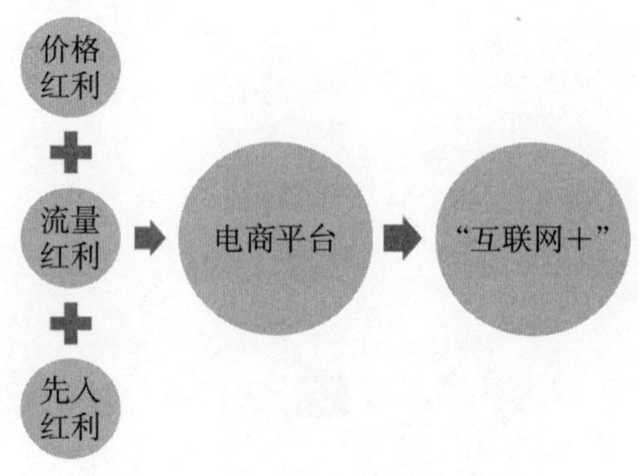

图 19–1　电商的演变历程

价格红利终结

一切以价格优势为导向的电商创业到了 2016 年就已经很难有所作为，淘宝当年以低价策略进入电商市场，进而做到目前万亿元的级别，包括京东、当当等电商平台，当时均是利用价格红利打下了市场。

信息流通不畅，必然导致商品因地域的不同，价格差异非常之大，同一件商品相隔一个城市、一个省，价格可能相差好几倍。传统企业依据这些优势，以各种价格暴利售卖商品，同时，也是有了这些不对等，电商企业和电商平台才会有机可乘。

电商的发展对社会最大的贡献，就是消除了价格差，让商品的价格和价值回归到了相对合理的状态，也让利润回归到了让人可以接受的水平。

流量红利终结

互联网上有 6 亿多用户，数量非常庞大，而互联网上商品的丰富程度已经远远超过网络用户的需求，每年新增的需求远远小于供给。也就是说，商品过剩了，大量的商品被积压在仓库里。

开个网店就有流量，做个网站就有流量，这种事情现在已经不可能存在了。流量、用户都必须花钱去引流，必须自己去寻找。用户不会主动找上门来，电商平台的商家太多、商品太多，没有宣传，商品刚挂在网上，基本就已石沉大海了。

新的起点就在“互联网＋”

2016年，热了一年的话题莫过于“互联网＋”，它被置于国家战略层面，相关的热议就没停过。一时间，媒体都在报道“互联网＋”，传统企业也在谈“互联网＋”，貌似一切商业环节都要和这个名词挂上关系。同时，电子商务再次被推到了风口浪尖，从各省市级电子商务产业园的开建，到各县镇级电子商务产业园的布局，再到各传统企业一股春风吹向电商，似乎不谈点互联网，就和时代脱节了。这股热潮对互联网的发展大有好处，但同时也暴露出很多问题，就是很多企业“挂羊头卖狗肉”地跟风。大部分企业是玩了个包装，实质上和之前没有啥区别。

搞农业的把公司名字换成了网络科技公司，自称新农人；出租办公楼的，换个招牌，摇身一变成了创业孵化器；以前的工业园厂房区刷个墙，就成了电子商务产业园；各地电商协会纷纷成立，懂的不懂的都成了会长；再加上各种电商论坛，名头都很大，都挂上了世界某某电商大会的牌子。

一股跟风潮刮起，原因在于国家的鼓励，很多地方有了优惠政策，市场上从来不缺乏捕捉政策红利的人。知道做了这个事，就可以拿到地，拿到补贴，就会迅速跟进，至于怎么做，都是后话了，先拿到优惠再说，这个时候就出现了大量的“空包装”工程。用“空包装”来作比喻，再恰当不过了，只有一个包装在，拆开包装，里面基本是空的，或者还是原来的样子，和包装没啥关系。

在这些乱象里，大部分人是不知道“互联网＋”是什么的，只知道必须“触网”，就像有次笔者参加一个电商论坛，有些地方政府部门的领导也在，很多互联网创业公司都在会间休息的时候，向领导推销他们的产品。

曾听到一位创业者给一位乡镇政府领导介绍他们的项目，说了很多网络专业术语、他们的运作方式，领导只是点头，一脸茫然，根本不知道对方在说什么。最后这位创业者说了句“我们是做‘互联网＋’的，可以把你们当地企业和农产品搬到网上进行宣传销售”，领导立马来了兴趣，直接说“‘互联网＋’，这个我知道”，于是才有了进一步的交流。

可以看得出，2016年一整年，整个社会阶层对“互联网＋”非常重视。虽然把这个名词普及了，可基本没学到本质，不知道怎么做，不知道如何“互联网＋”，甚至还有很多人认为“互联网＋”和自己根本没啥关系，只要不从事互联网行业就不用关注。事实上这些想法和做法都是错的，没有实质的变化，带不来效益，还浪费了不少成本。

笔者所理解的“互联网＋”，是让商业行为加上互联网，让其变得更有效率，而不是简简单单地换个包装，应把效率放在第一位。

四个方面的要求

至少应该做到以下四个方面：

第一，“人＋互联网”思维，从思维方式上进行转变。

现在我们常说的互联网思维，有免费思维、极致思维、用户思维、迭代思维、简约思维、跨界思维等。这些思维是互联网所特有的吗？显然不是，在传统企业经营中都能找到它们的踪迹。这些思维方式不是互联网所特有的，而是很多企业利用互联网的方式真正地实现了它，发挥了这些思维的作用，同时又用了“组合拳”，把这些思维相互集合起来，促进了其爆发。

图 19-2 真正的“互联网+”是什么样的

此时我们每一个人最应该做的是去学习这些思维，真正地弄懂它的魅力所在。要去想为何自己没有做到，还要分辨这些思维是不是适合自己的企业和产品。比如免费思维，最好的理解是用一种免费的方式吸引用户，以及基本服务免费，盈利点在于对更优质的服务进行收费；或者是卖产品、卖流量实现盈利。

现实中很多企业是做实物产品的，那么如何运用免费思维？以往的免费品尝、免费试用品、免费赠送等，大多只是理解了免费思维的皮毛，在运用的过程中并没有注意到自己的问题，很多人提供免费服务的时候，心里是这么想的，“免费的你还挑剔什么”，用了一些劣质、便宜的产品，可知这些免费的产品可是代表品牌品质的。如果体验不好，试用者会成为你的用户吗？

尤其是做快消品的，很多品牌在促销的时候，用非常小的杯子装了很小一口的新品饮料。用户基本是抿一下，根本尝不出来喜欢不喜欢，而且很多人看到这种场景根本不愿意去尝。

也就是说，在做一件事的时候，首先考虑的是利用什么方法可以更快速地达到效果，渠道不限，无论网络渠道也好，传统方式也罢，只要达到目的就行。比如想解决一个专业性的问题，选择去哪里询问呢？首先可以通过自己的人脉，如果有这方面的专家，也可以直接请教。其次，要是在现实中没有这样的人脉，就要考虑通过互联网，利用百度搜索等，也可以是广泛的匿名问答。但并不容易判断回答的真伪。最后，就要考虑在网络上询问专业人士。专业人士并不一定有时间回答。还是去一些专业的付费平台咨询，选择自己想问的专家，付费询问。

这仅仅是一个方面，人的思维转变有太多可以运用到具体生活中去，有时候是工具的运用，有时候是方法的运用。

所以说每个人都要懂点互联网思维，学会了思考方式，再去想如何赶上“互联网＋”这趟车。

第二，“企业＋互联网”运作，这里要说的是从运营方式上提高效率。

“互联网＋传统企业”是什么？不是简单的包装，是要在整个商业的运作过程中适应互联网时代的需求，管理跟不上，运营流程跟不上，应变能力跟不上，怎么都适应不了，只能在萧条的大环境中雪上加霜，望洋兴叹。

举个简单的例子，拿应变能力来说，明明知道电商平台可以卖货，却一等再等，等了一年又一年，观望同行入驻天猫、京东，销量从不明显到线上销售额远超线下，才开始着急了。反观自己却牢牢地抓住现有的传统渠道、各种固有的业务形态，不愿做任何尝试，即使做了尝试，只要和传统业务有冲突，基本就放弃了。

还有一些公司的管理方式根本不适合互联网业务的发展，各部门的老员工、老领导，个个跟个爷似的。而一家企业要做电商，要做网络营销，必然涉及各个部门的协调配合。更应该重视的是如何内部变革，去适应新的商业形态。

变革企业的管理和运作方式去适应互联网，是这个时代每一家企业、每一位创业者都应该思考的问题，也是必须立刻就要做的事。

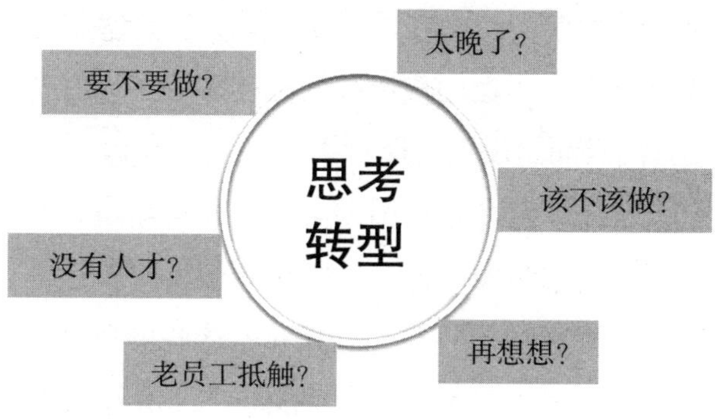

图 19-3　思考转型

第三，“产品＋互联网”营销，网络营销的力量不可忽视。

无论是从事什么行业，制造业、农业、零售业、服务业等，都需要利用互联网去做营销。营销的目的是什么？就是要获得客户，为客户持续地提供价值。互联网让信息更对称，让产品更加透明。一个行业、一个品类、一种产品，都有成千上万的人在做，如何获取用户，如何维持与用户的关系，就成为至关重要的一点。

这个时候就应该明白，产品必须出现在哪里，必须是用户经常去的地方，占用时间最长的地方。毫无疑问，这一切又回到了互联网上，无论是PC端还是移动端，都吸引了大量的用户。电商的份额逐年地提高，大量的用户都在线上实现了购物，实现了信息搜集。即使是不适合零售的产品，准用户获取信息的方式也基本都在网络上。

说了这么多就是想说，无论是哪个行业，都应该把营销的精力分一些给互联网，毕竟线下媒体的影响力已经越来越弱了。新兴的互联网媒体已经崛起，只要是有用户群体聚集的地方，都值得去研究，去做营销。

第四，“创新＋互联网”验证，通过互联网的方式去验证产品创新会更有效。

在传统渠道强势的情况下，产品的创新基本是闭门造车，老板认为这个创新很好，很合适，找出几个用户喜欢的理由，于是开始批量生产、投放市场。至于市场的反应，有太多的不确定性，在产品信息不透明的情况下，这种方式或许有用，毕竟用户选择的范围太小了，有些需求没有被开发出来，不是没有需求而是没有选择。

以往是用户跟着商家走，现在商家必须跟着用户走，有时候，还必须为用户提前着想，开发出更多的需求。那么对于此时的创新，则需要有一个实验的场地，需要寻找创新的着力点，获取这些信息最好的方式就是来自于互联网的“吐槽”——对某些产品功能的“吐槽”，对某种服务的“吐槽”。这些“吐槽”达到一定的量级，就是商机所在。别人没有解决的问题，你解决了；别人提供不了的便捷，你提供了，这就是创新，也就是机会所在。

更确切地说，这是一切微创新的源泉，不是所有的创新都要完美地创造出一个伟大的产品，重新推翻一切，再造一个神奇。微创新也是创新，而且会成为一种趋势。

当微创新这个名词出现的时候，我们应该更多地去考虑：它的意义是什么，为何会在这个时候出现，此时的互联网是一个什么样的状况，传统企业是什么样的状况，大市场环境又是一个什么样的状况。

微创新不是复制，不是造假，而是迅速迭代的一种表现。在原有的产品和服务上，不断地改进，吸引用户，满足用户的需求。

从2012年开始，连续几年里，传统企业都面临转型困境，大批的企业跟不上时代的步伐而倒闭。新兴的互联网型企业不断出现，电商生态圈在形成，已经没有了单纯的传统企业、传统渠道，因此那些存在多年的传统运营思维，曾经的那一套可以赚钱的方式，今天已经瓦解了，这个时代需要重塑商业运作思路。

大市场环境如何？实体店面临升级，用户大量的需求未能满足，电商有太多不能解决的问题，而实体店明明能解决很多问题，却在这个新环境中束手无措。这个时候太需要新的元素注入，以激发实体店新的热情，即使很多概念已经存在了好几年，但在原有的方式还可以继续生存的情况下，转变对于很多人来说是很难的。

20

人工智能的实现

人工智能在未来十几年里，将链接一切——人物相连，物物相连，物网相连，人网相连。

智能时代的夸张经济，就是实现那些只在科幻场景中出现的东西。既区别于夸张文案广告、夸张标题内容，更不是那些浮夸的经济模式、那些吹嘘的经济理论。科技越进步，能实现的东西就越多，那是人们向往的未来。

AI 就是我们经常说的人工智能，人工智能越来越火，它到底在干什么？

人工智能的真实回归

过去十几年一直被边缘化的人工智能，在 2017 年大受追捧，也被很多互联网大佬认为是下一个创业的风口。过去之所以被边缘化，是因为技术的门槛太高，成本太大，很难普及量产，大部分人感受不到机器智能化的运用。

谈到人工智能，就一定会谈到机器人。未来的机器人是否会主动思考？学会主动思考的机器会不会摆脱人类的控制？机器人能否战胜人类？这些担心不是没有道理的，比如在2016年10月，在深圳的一次智能机器展览上，因操控失灵，机器人不受控制，撞坏了展台，还撞伤了一个人。这件事引起了不小的轰动，不管真实原因是什么，大家关心的始终是机器人的发展将来会不会影响人类的生活。

这些问题始终存在于很多人的脑海里，其实大家对机器人的发展原理还是不够了解，所以才会任意揣测。还有一个原因，就是看多了科幻片，分不清现实与科幻了。

不可否认，很多科幻如今成了现实，VR、AR、3D打印等，即使是简单的功能实现，也让人感受到了科技的神奇之处。每一个智能产品的推出，都能吸引无数的眼球。

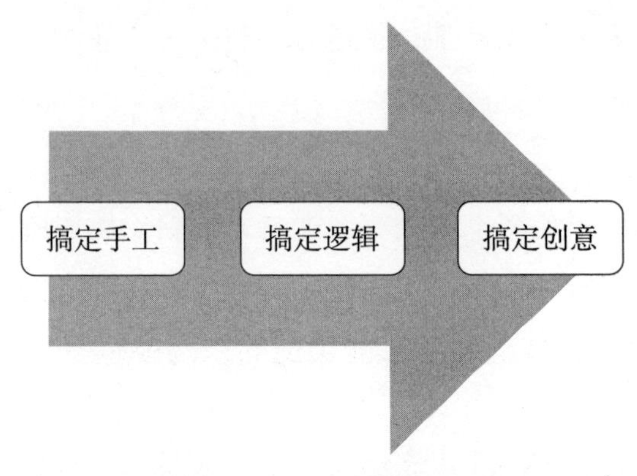

图20–1 机器的发展历程

搞定简单的机械劳动

机器人最初的原型就是为了解决简单的机械劳动，提高工作效率，减少人工成本，替代简单重复的劳动。机械的不断升级、不断广泛运用，从另一方面来看，是企业不断追逐效益最大化的结果，同时也让人们的生活更便捷。比如简单的木材、板材切割，生产零部件的打孔、打磨，纺织中的织补、染色等，广泛应用于建筑、生产、服务等各个领域，可以让生产迅速规模化，单位成本不断降低。这个时候机器人仅仅是作为一个工具，辅助人类提高生产效率。

第一次工业革命、第二次工业革命，甚至第三次工业革命，都是机械劳动的升级。这个阶段机器人仅仅是帮助人类解决体力问题，还不够智能，仅仅解决很小一部分的智力问题，还不具备主动思考的能力。

搞定机械劳动的能力是人们最能感知到的，无论人工智能再怎么发展，这部分的功能都是首要的，也是大部分企业发展人工智能都要经历的。

搞定逻辑阶段

人工智能进一步发展，到了云计算、云储存、智能硬件等阶段，基本上就属于搞定逻辑的阶段了。搜集数据、存储，然后分析，得出结论，可以将所有的数据都存在一个简单芯片上，然后分类提取价值。工程师们设置好程序、处理方式，机器就能够作出简单的判断，按照程序的逻辑，做出不同反应，从而进行工作。

目前大家用的电脑、手机、可穿戴设备等都属于这个阶段，软件上包括办公软件、手游、社交软件等。这些软件的应用原理，就是提前设置好程序，做好逻辑。人们在操作的时候，只需进行简单的操作，软件就会给出相应的结果。

这是多种逻辑的综合、复杂情况的综合，事先已经预计了每种情况的处理结果，机器只是做了简单的呈现。这个时候机器是没有思考能力的，也没有主动思考的意识，一切都是听命于人，按照既定的程序运作。

搞定创意阶段

而到了第三个阶段，也就是目前这个阶段，我们称之为人工智能，它要解决的问题，是让机器主动学习，使其不仅仅能够按照人类设置好的逻辑程序呈现结果，同时也能够给出创意，给出独有的结果，这些结果往往要比人类的创意更快更多。

让机器主动提供创意，首要解决的问题，就是机器的外部感知问题。比如生产一张床，它不是简单地给机器做个程序，按照设定好的图纸、材料等进行加工生产，而是搜集人们对床的需求，比如哪类人群需要什么样的舒适度、什么材质、时下流行哪种风格等，往往要比某个人思考得要多得多。然后推导出一个项目方案，再制造出一张床来，这才是人工智能真正的应用。

就像3D打印一样，程序已经知道怎么建造房子，怎么安排材料配比度、楼层、设计等，然后把房子造出来。最终形成了一个结果，也就是一所房子，而不是建造房子的某个零件、某道工序，这是一项重大的突破。

那么这个打印机会不会主动思考呢？当然不会，这仅仅只是一种制造类的机器人，也是3D打印的低级状态。随着科技的发展，它会搜集更多人类的需求，在综合之后给出一个最佳方案，这才是人工智能的厉害之处。

机器人不可能替代人类，但可以替代大部分人的工作

可以肯定地说，人工智能将是一次新的革命，革命就会有牺牲，有行业倒下。我们回顾一下前几次工业革命，大量的简单劳动力被替代，随着生产效率的不断提高，很多行业消失了，很多手工技能不需要了。

在前三次工业革命中，我们都是旁观者，也是受益者，但由于错过了工业革命，我们落后了，到处挨打。这不仅是国家的事，涉及我们每一个人。这一次已经是第四次工业革命了，幸好我们身处其间。

“每一次技术革新都会给社会就业结构带来变革，旧式烦琐的手工劳动被新式高效的机器生产取代，会使得大量职业转型或消失。”上海交通大学苏州人工智能研究院常务院长徐彦之说。

“反观技术革新的另一面，新的职业格局必将带来新的人才与就业需

求，这也会不断催生出新职业，吸引大批就业者进入新的工作领域。”徐彦之认为，一些简单、重复性的工作会被机器取代，未来将有更多的劳动者在知识领域工作，知识型工人会不断涌现。

这点是毫无疑问的，我们看到一些工作被机器替代，但仍然会看到很多新兴的职业产生，有一些人始终不会被替代，那么我们就要成为这种不可替代的人，这不是让我们每一个人都成为科学家，成为开发者。

“张小明”让很多人警醒

以机器人写作为例，《今日头条》的写稿机器人“张小明”在2016年里约奥运会期间“一战成名”。里约奥运会开赛一周，它通过对接奥组委的数据库信息，实时撰写新闻稿件，以几乎同步于电视直播的速度发稿，6天共生成简讯和资讯200余篇。知道这意味着什么吗？意味着大批量的写稿人会被替代，我们只需要一个“张小明”就可以了，因为大量的用户只需要知道这些简单的信息就可以了。

而腾讯的写稿机器人，在半年时间里创作出30万篇内容产品，字数超600万字。大家算算，这个产量替代了多少原创人的劳动?

这些大量的模板化的信息报道将会被机器替代，比如财经报道、体育报道、股市快报、天气咨询等。

但是深度的报道、个性化的报道、深度的解读是无法由机器人完成的，这不是简单的写作，是具有创造力的东西。

从事这个行业的人要明白，身边还有一个竞争者，就是机器。机器在不断地学习，能写出优质的文章。那么我们更要不断学习，不断地提升，沉溺于目前的技能，终究会被淘汰。

至于机器人会不会替代人类，关键是看机器人会不会主动思考。笔者倒不认为这会成为现实，机器人会成为人的助手——创意思维的辅助。人类是不可能完成很多由数据化分析得出的创意，但机器可以，它会成为人们工作中的小助理，就像电脑一样。

值得注意的是，人工智能会取代大部分的人工劳动，就像第一次工业革命和第二次工业革命一样，很多的工人将面临失业。在制造业，效率不断提升，工人却在不断减少。在服务业，很多服务员的工作也将被简单的交互机器人所替代，无人机也正进入快递行业。

除了工人、服务员，人工智能时代也会有大量的白领人群被智能的机器所替代。总体来说，就是那些不需要主动创意的工作，基本都能被替代。

“五秒钟准则”淘汰原则

根据《人工智能时代的未来职业报告》，技术革新的浪潮首先波及符合“五秒钟准则”的劳动者。

“五秒钟准则”指的是，一项工作如果人可以在5秒钟内对工作中需要思考和决策的问题作出相应决定，那么，这项工作就有非常大的可能被人工智能技术全部或部分取代。也就是说，这些职业属于低技能，可以“熟能生巧”的职业。

根据这一理论，翻译、司机、保安、客服、家政、会计等职业在未来均存在被人工智能取代的可能。因为这些都是低技能岗位，通过几天或者半个月的培训就能上岗，有一定的规则，机器学习规则是最快的，而且会做得比人更好。

在实践中，人工智能已经成功帮助劳动者完成了重复性的脑力工作。比如，支付宝的智能客服问题解决率已经超过了人工客服。

这意味着，职业中可自动化、计算机化的任务越多，就越有可能交给机器完成，以行政、销售、服务业的趋势最为明显。

资本在觉醒，在加速这个行业的发展

人工智能的发展离不开资本的催生，大家都看到了这个趋势，也看到了赚钱的机会。资本赌的是未来，对于长期投资者而言，如果能够看到未来五年、十年内几百倍的收益，他们愿意承担这个风险。

同时大型的互联网公司也在相继投入，如百度全力投资人工智能技术的研发，把一切战略核心都转向了人工智能，重在赌无人驾驶汽车的巨大前景。而腾讯、谷歌、亚马逊又何尝不是呢？

那么人类和人工智能到底是什么关系呢

首先我们要知道，人工智能都是按照人的意愿来做事、来学习的，只是学习速度非常快，而且很容易复制。人们将设置好的程序交给机器，机器按照这种方式去操作，进行综合分析，这些条件都在人类的控制范围内。

机器已经将人类简单的重复劳动替代，之后将代替更多。这样的话，我们就有时间去进行更多的学习，探索更多的未知事物，做更多具有创造力的事情。这是好的方面，但同时也有不好的影响，就是那些没来得及升级职业技能的人会大量失业。

大胆预测人工智能的未来 10 年

第一，VR 虚拟现实。

VR 是把虚拟的场景展示在你面前，让你有身临其境的感觉，虚拟的东西可以做出比现实更丰富的场景。戴上 VR 设备，你会感觉来到了另外一个世界，如走进爱丽丝梦游仙境的场景里；或是 360 度全景电影，极具震撼感。就拿 VR 游戏来说，在一款欧洲中世纪的对战类游戏中，玩家就像身处中世纪的战场，身旁有无数的勇士，或奋勇杀敌，或鲜血四溅，这一切都非常的真实。

在 2015 年年中，笔者在深圳一场智能科技展上，第一次带上 VR 眼镜，玩的是简单的射击类游戏，但效果依旧十分震撼，和用电脑打游戏完全是两个概念。玩家切身地感受到了游戏里的人正在眼前，周围的城堡和脚下的道路，仿佛触手可及戴上 VR 眼镜，虚拟的东西变成了现实。

当然，那个时候还处于VR科技发展的初级阶段，还有很多技术难题没有被攻破，比如说平衡感，游戏里画面闪动太快，会让人有眩晕的感觉，且外部配套设备也不完善。体验的时候，仍然需要鼠标或者手柄的配合，很多动作也做不了。并且，VR眼镜还有很宽的边框，并不舒适，在看电影的时候有点像在电影院的感觉。

仅短短一年时间的发展，VR领域已经发生了翻天覆地的变化，各种配合VR眼镜的外部设备出现。比如手套感应，让玩家脱离鼠标和手柄。带上这种手套，实现了在游戏里的重力感应效果，简单点说，就是在游戏里拿了一把剑、一支枪，会有负重感觉。而且已经可以直接将手机接入VR眼镜，玩游戏、看电影都可以。

紧接着是各种VR的创业项目，一年之内，相关企业迅速崛起几百家。曾经在上海的China Joy游戏展上，看到很多国内VR厂家的设备，几乎千篇一律，没有什么技术区别，水平基本相当。也就是说，大家都在相互模仿，很多初创公司根本没有研发实力。

按理说，VR正处在发展初期，VR研发企业应该是一家比一家有特点，但事实是产品十分相近。VR创业热，其实又是一个坑，虽然未来会触及各个行业，比如游戏、成人用品、教育、建筑、影视等。但这种项目的更新换代非常快，对技术的要求非常高，会使得初创公司无法承受，很难形成竞争力。

我们能够看到国际大品牌索尼、HTC、三星、苹果等都在研发VR技术，这和做消费品有所不同，要讲运营，讲营销，重点在新技术的开发上，所以创业者应该注意到这些，没有超强的技术团队、雄厚的资金支持，勿入。

第二，AR增强现实技术。

简单地说就是利用图像、视频、3D投影等模拟技术，把虚拟世界和现实世界结合在一起，并进行交互。在现实场景中利用定位技术，把虚拟物体放在现实场景中。它是以现实场景为基础的，结合定位，让很多无法感知的东西，如脱离味觉、嗅觉、触觉的东西呈现出来。

戴上AR眼镜，看到的仍然是这个世界，只是这个世界里多了很多其他的东西，很多虚拟的东西。比如能看到，家里的沙发上坐了一只怪兽，广场上有一只恐龙向你走来，还有科幻电影里的立体成像等。

再说说2016年7月火爆各大社交媒体平台的一款AR手游——口袋妖怪GO，是一款现象级产品、一款引爆全球的AR手游。它运用AR技术，利用卫星定位、手机摄像头、小精灵外部辅助设备，以及游戏中设计的联合对战、相互传输精灵成长等，把玩家联合起来，相互配合。

例如，你走在上班的路上，打开游戏，在街角、路中间，随处都能发现小精灵，然后点击，将它们捉住。如果只停留在某一个地方，就无法找到更多不同的小精灵，该游戏以地理位置变动推动游戏进行，玩家必须走出卧室，走出办公室，去街上，去公园，去旅游，才能找到不一样的小精灵。

图20-2　小精灵的妙用

用户对于这款游戏有多喜爱？投放市场仅仅两天，服务器便运作超负荷，只得停止全球发售，仅在几个国家发布，但玩家都疯狂了，澳洲也“沦陷”了。人们冲向广场，冲向公园，冲向墓地，甚至冲向了警察局，就为了抓到一只特别的小精灵，甚至有些商店、餐厅都张贴上了告示：屋内有小精灵。

何曾看到过，人们为了一款游戏如此疯狂，AR带给人们以真实感，实现了同现实的交互。也有人说在手机上操作，还是没有增强现实的感觉，其实是有的，这款游戏可配外部设备，就是AR眼镜。你戴上之后，看到的就是真实的场景，再配上手感器，一切就完美了。

这么经典的游戏，算是行业的里程碑，也使得两天内，任天堂的市值增加了76亿美元，说明资本市场非常看好。

无论是AR还是VR，都是趋势所在，它们提供给人们另外一种生活的乐趣、从未有过的视觉感受。大胆设想，它们的下一步发展会是怎样？不用戴上厚重的头盔，只需一副眼镜；去掉所有的线材，实现无线传感，这些在不久的将来都会实现。

第三，无人机。

无人机的应用场景在哪里？除了送快递，还有很多地方可以开发。无人机最大的优势，就是可以在空中自由穿越，节省人工，观察角度360度尽在其中，速度也很快。以前最广泛的应用就是在军事上，如使用无人驾驶飞机探测敌情、操作无人飞机轰炸等。

国内也有个非常厉害的无人机民用企业，就是大疆。2015年，这家公司的无人机已经占了全球无人机市场份额的70%以上了。并且主流产商小米公司也发布了自己的无人机。在大部分的消费者眼里，无人机还仅仅是个玩具，一两千元买来，就是为了图个新鲜。

其实无人机已经在很多领域都能发挥大作用，比如在农业领域，利用无人机喷洒农药，比人工的效率高了很多倍，也非常安全。虽说我国农业形态基本都是以家庭为单位，为小农农业，农田比较分散，没有大农场的经营规模，也就是说理论上是没有应用场景的，但从目前的城镇化进程上来看，北、上、广、深几个超级大城市正在形成，其他一、二线城市也在逐步壮大，还有中西部的省会城市，人群都在往这些城市迁徙。大量的农民涌向城市，农田集中化管理经营改革迫在眉睫，这是一种大趋势。实现农田集中化经营，致使无人机在这方面的运用大有可为。

另外，无人机在航空、摄影领域也有很大的用处。比如无人机在拍摄电影使用的全景拍摄技术——航拍等。

第四，物联网。

人工智能还有一个领域被认为具有很大的潜力——物联网。物联网就是物物相连的互联网，核心基础仍然是互联网，是在互联网基础上的延伸和扩展，使用户端扩展到了任何物品，也就是说，任何物品都可以和互联网连接起来。

比如电视、茶几、冰箱、电饭煲、汽车等，任何的物品都可以同互联网连接起来，可以在互联网上（如在手机端或者电脑端）进行操作。就像小米电饭煲，可以连接到小米手机，在手机上，用户就可以随时看到米饭蒸煮的实时情况，如还有多长时间蒸好，现在是几成熟等。

还有车联网，可以在手机端提前操控车内的温度，检查车子的状况、油量、水量等。这些都是物联网发展的初级表现，目前尚处于起步阶段，其潜力还有待开发。

第五，3D 打印。

3D 打印技术是以数字模型程序为基础，用粉末状的各种黏合材料，利用类似于打印的方式，逐层地打印出物体的技术。它能够做出很多东西，从最初可以打出玩具模具，到后来可以打出高楼大厦，一次次将奇迹展现在人们的眼前。

该技术在珠宝、鞋类、工业设计、建筑、汽车、航空航天、牙科和医疗产业、教育、土木工程、枪支以及其他领域都有所应用。

2014 年 8 月，北京大学第三医院成功地为一名 12 岁男孩植入了 3D 打印脊椎，属全球首例。这名小男孩在一次踢足球脊椎受伤之后长出了一颗恶性肿瘤，医生不得不选择移除掉肿瘤所在的脊椎。医生并未采用传统的脊椎移植手术，而是尝试使用先进的 3D 打印技术，并获得移植成功。

2015 年 7 月 17 日上午，由 3D 打印的模块新材料别墅现身西安。建造方仅用 3 个小时便完成了别墅的搭建。据建造方介绍，这座精装别墅，只需摆上家具就能拎包入住。

2016 年 12 月 16 日，英国媒体称，中国科学家已成功将 3D 打印血管植入恒河猴体内，这标志着中国在 3D 打印血管及其他器官用于人类移植方面迈出了重要的一步。据英国《金融时报》网站 2016 年 12 月 15 日报道，邓迪大学教授阿尔弗雷德·库斯基耶里爵士表示：“这一开创性研究将改变再生医学的发展之路。”他希望能和中国结成国际合作伙伴关系。

这些都说明国内对3D打印技术的研发在国际上已经遥遥领先。3D打印是一种机器操控机器制作的方式，这是一个朝阳行业，具有不可估计的光明前景。

21

破除“粉丝经济”的窘境

分不清真“粉丝”和假“粉丝”的人易误入歧途，在错误的路上越走越远。

“粉丝经济”被推崇了好多年，但这对于大多数电商人而言似乎并没有什么作用。在人们的心目中，“粉丝”也就形成了这样的印象，就是那些起哄看热闹，占便宜领礼品的人。这些“粉丝”很难产生经济效益。一些拥有几万、几十万甚至上百万“粉丝”的行业“大咖”，一旦开始靠“粉丝”盈利，就会引来一片声讨。似乎发个广告、卖个产品都成了“罪人”。只能持续地付出，才能博得用户的好感。这样的情况都是在一开始的时候种下了因，没有做好前期的规划，变现的时候又太强硬。也就是说你的“粉丝”关注的和你做的事压根没什么关系，而你竟然花了大量的时间用于维护和这些毫不相干的人的关系。

“粉丝经济”是一种非常不错的模式，这点可以肯定，我们不能因为自己没有做好，而否认这种模式的优势。同时作为互联网思维的一种，“粉丝经济”将长期存在，并逐渐地占据主导地位。这也是今后互联网、电商创业者们首先要解决的问题，一个项目的运营能力几乎都体现在对“粉丝”的运营上。也就是说，如果不能把一群对你有一定认知度的人转化成付费用户，那么想转化那些陌生人就更难了。

简单地说，“粉丝经济”就是以创业者为中心，将一群人聚拢，这群人有共识，有共同的需求或者共同的兴趣。他们崇拜领袖，维护群体利益。再进一步，就衍生出了个人品牌，从而形成“粉丝”效应。

“粉丝经济”促成个人品牌时代的到来

个人品牌必须是以个人为中心，不是人人都能做的。研究“粉丝经济”，不要去参考小米，因为前提是你必须成为雷军，其次才能造就小米一样的企业。在创造小米之前，这哥们已经在金山玩过 CEO，在凡客玩过合伙人。

大家仔细想一下，金山是干吗的？它是技术型的企业，而凡客是玩年轻人概念营销的。想玩个人品牌，想一呼百应，想玩“粉丝经济”之前，必须具备两点：懂技术、懂营销。做之前一定要问问你是这样的人吗？拥有这些技能吗？

个人品牌不是传统意义上的品牌，传统意义上的品牌是以产品为核心的，给商品打上一个标签，不断地讲述品牌故事，用产品质量、外包装、营销等各种方式，来塑造品牌形象。产品是死的，一些活的概念和宣传均来自于人们的包装。

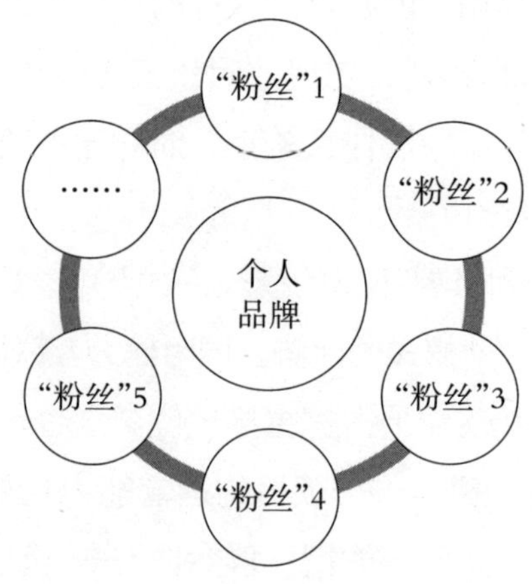

图 21–1　个人品牌就是“粉丝”的积累

而今天我们谈到的个人品牌，是以人为中心的，每个人都有自己的性格、自己的观点、自己的态度。人是活的，能够演绎的角色很多，但无论如何给自己强加概念，终究是要始终如一的，否则很容易被揭穿。

所以真实性就更为重要，个人品牌其实就是个人信用的展示。不是大家所看到的外貌展示、才华展示，这些只能额外加分，不是主导。将自己长期积累的个人品牌通过自媒体的方式展现，利用互联网的放大效应，持续地传播个人品牌，让个人品牌发挥真正的价值。

“粉丝”要积累到一定的量，再去进行价值分类

在拥有了一定“粉丝”基础后，就可以进行变现。但在变现之前必须要对“粉丝”进行价值分类，为特定的“粉丝”提供相应的产品和服务，这些服务可以是免费公开的，也可以是付费专享的。毕竟不同知识层次、不同收入群体的需求是不一样的。

对“粉丝”进行分类过后，还需要有足够多的“粉丝”，才能够支撑收入，就是估算分类之后愿意付费的“粉丝”有多少。就拿内容付费来说，即使分答、罗辑思维、喜马拉雅等做了付费内容，但总体上还只是那些各个行业顶端者才能实现变现。原因就是他们吸引到了足够多的“粉丝”，愿意付费的这群人也在其中。没有这个庞大的量作为支撑，付费人群是集合不起来的，而能吸引这么大体量“粉丝”的人，一定是行业里最专业、影响力最大的几个人，所以内容付费只存在于行业最顶端的几个人。

内容创业不是创作

“粉丝经济”需要什么？不仅仅是个人魅力“聚粉”就够了，还需要持续的内容输出，需要转化，需要产生经济，更需要品牌、产品、资金、能够兑现的承诺。

这里还要纠正一个观点，就是持续的内容输出，一定是和未来转化的

产品相关的，不是所有的“粉丝”都能靠有价值的内容来维系。创作和创业是两码事，创作的标准和创业的目的往往是不匹配的，因为创业者不是艺术家，不是音乐家，不是作家，只是一个商人，一切都要以盈利为目的去输出内容和信息。

做内容创业一开始就应该瞄准某个行业，想好自己将来靠什么变现，而不是先吸引大量的“粉丝”，然后再去考虑变现。现在已经不是“粉丝经济”的初期了，互联网的用户早已经变得理性。对于判定一个人是否可信，是否专业，是否对自己有价值，每个人都有自己的标准。

即使利用市场上的媒体平台和社交平台去做内容创业，也是要经过一番筹划。作为一个内容创业者、一个自媒体，必须同时经营多个平台，当一篇内容出现的时候，需要同时分发到头条号、百家号、一点号、搜狐自媒体、微博、微信公众号等，每一个平台都要有内容收录。

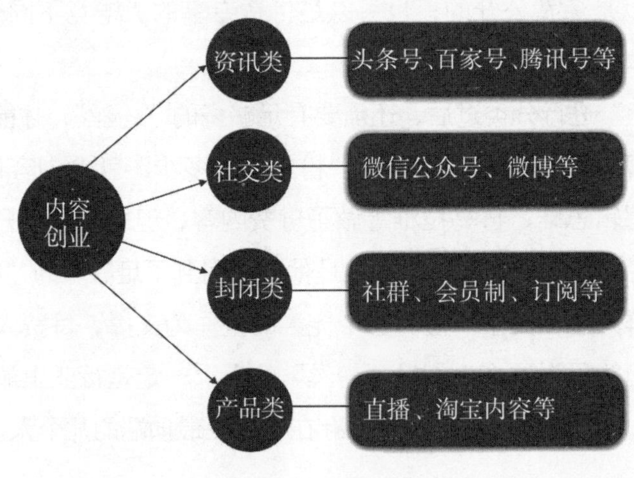

图 21–2　内容创业的经营

同时，也别把“粉丝”的情感纽带想得多么牢固，你不是娱乐明星，“粉丝”对你只是认同感，而不是崇拜。崇拜是不顾一切、不计回报地付出，但认同感就不一样了，一旦承诺没兑现，或是产品出现问题，“粉丝”立马就是各种猜疑，同行的自媒体更是落井下石，各大媒体网站也会来

“添一把柴火”。例如难保锤子手机遭遇生产厂商危机的时候，推波助澜“黑”锤子的没有以前忠实的锤粉。

死忠型“粉丝”，根本不存在。哪有那么多的“脑残粉”让你去忽悠，好产品、好内容，能给“粉丝”带来真正实惠的才有持续吸引力。把产品准备好，把内容规划好，再去玩。

卖广告的“粉丝经济”根本无法生存

疯狂地揽“粉丝”，但没有几个人能够转化，这种状况在现实中太多了。大多数是由于“粉丝”与创业者想做的事匹配度太低了，吸引了一批和产品毫无相关的人，这也说明输出的内容是有问题的。从另一个角度来看，说明提供的产品和服务不能满足这部分用户的需求，毕竟只要不是“僵尸粉”，都有各种各样的需求。

想依靠粉丝经济获利的人，把卖广告作为将来盈利的主要方式，可运作起来难度非常之大。要承认一点，目前的自媒体、大V，用自己的账号去做广告，转化率是非常低的，甚至远远低于百度推广的效果。

这种简单的做广告，和传统媒体打“硬广”差不多，自己仅仅只是收钱办事，充当展示板，信用背书很微弱，而且不会做任何铺垫，“粉丝”自然也不会去帮助扩散或者购买了，因为广告和“粉丝”依附这些自媒体的目的没有任何直接关系。

“粉丝经济”最后都要落在产品上

“粉丝”需要不断地培养，加强与“粉丝”的感情纽带是需要过程的，从最开始的关注，一步步了解，到深入。从提供第一次产品、服务，到后续产品的增加，放大“粉丝”购买力。先不说互联网企业，就以海尔这家传统家电企业为例。海尔什么做得好？冰箱、洗衣机做得好，售后服务被人称赞，有很多老客户，产品耐用，可使用多年，坏了一打电话，售后人员立即来修，用户很放心。

如果海尔想放大“粉丝”购买力，就得增加产品品类，提升忠实用户购买深度，挖掘消费潜力，开发海尔小家电、海尔电视机、海尔空调，实现产品多元化。即使部分产品没有冰箱、洗衣机有名气，但依然有人购买。曾经在商场遇到过这样的用户，一开口就说自家的家电都是海尔牌。这才是品牌效应下的“粉丝”聚集、产品延伸，是真正的“粉丝经济”、品牌势能的转化。

最后你会发现，能留存用户的就是产品，即便可以靠个人的知名度、个人的行业地位来吸引用户，但转化的时候，还是要看产品。“粉丝”在消费的时候都是理性的，会衡量到底值不值，顶礼膜拜的场景已经不复存在。

“粉丝经济”不是那么好玩的，“粉丝”也很难被精准吸引。必须具备一定的品牌价值，做到足够的专业，专业到成为行业的头牌，然后再谈持续输出内容、“粉丝”付费变现，否则就是在浪费时间。所谓的千人“粉丝”理论，只是理论上的理想状态，是针对艺术家而言的。同时，产品没玩好之前别去招惹网上的“粉丝”，网上传播速度太快了，一不小心直接就玩完了。

最深度的“粉丝经济”就是社群

社群经济是“粉丝经济”的高级状态，从“粉丝”到会员，到消费者，再到社群成员，一层层地分类。它比会员制更高级，社群成员经过筛选，消费能力比会员强百倍，同时，社群要提供给社员的价值要高于会员，比给普通“粉丝”的要多得多。

作为“粉丝经济”的高级形态，社群有自己独特的一些方式，更像是一个严密的组织，在这个组织里，每一个人都能够成长，能够提高自己的能力，找到合作伙伴，扩展自己的人脉。

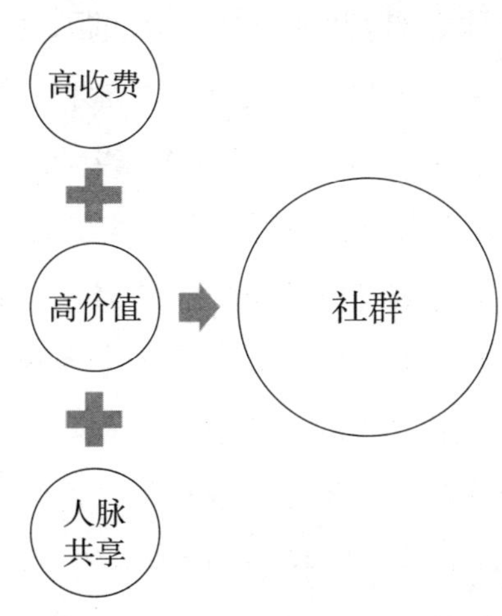

图 21-3　成立社群的基本条件

第一，高收费，有组织、有运营。

我们一直在宣扬互联网时代的免费经济，于是免费的信息充斥了整个网络，质量越来越低，出现了各大网站、各大自媒体、各路行业大 V。他们每天都在不断地提供信息，提供知识。包括社交平台在内，一切都成了免费的。

回顾一下社群的历史，这个名词是在 2014 年就被“热炒”的，各路英雄好汉以社交平台为载体，建立各种免费群，免费分享知识，免费交流。仅仅两年之后，我们发现几乎 99%的微信群、QQ 群都成了垃圾群，里面只有一些做推广的人还在发无聊的广告，有些人甚至已经不记得自己建有那么一个群。

到 2016 年的时候，免费的群基本都死了，这已经成了一个事实，甚至有些付费的群都死掉了。有这么两个原因：一个是运营者没有坚持，无法长期免费地提供优质内容，即使收费，也因为自己的精力或者能力问题，无法维系；另一个原因就是免费的东西大家都不会珍惜，就像经济学里的“公地悲剧”，对于公共的东西，没有付出成本，就不会珍惜。

这些都是因为没有真正地理解社群的价值，社群是需要精耕细作的，需要有计划、有组织地运作。需要规划社群，做好定位。社群可以提供哪些有价值的东西，如何发展以及如何维护等问题，就需要专职人员去维护。

所以说做社群一定要收费，一定要能够盈利，否则做这些还有什么意义，还不如去做公益。运营维护社群的人需要收入，创立者也需要收入，这样才能真正地沉下心来去做。说到这里，就涉及收费多少的问题。

收费多少要以社群能够提供的价值来估量，同时也要以社群的规模来估量。社群是一个高规格的组织，要让每一个人获益，获得的益处还要远远高于所付出的成本，所以人数不宜过多，基本上每位员工平均对应的社员是100人左右，社群总成员不超过500人，否则就无法做好服务。在一年内和500个人维持好关系，并不是一件容易的事。

至于收费，应该最少每人每年千元以上，那么提供的价值最少是千元的几倍，否则参加这个社群就毫无意义。

第二，更多的有价值的内容。

一个社群之所以被大家认可，社员愿意付费，就是大家相信建立社群的这个人，以及认可在推出社群时所承诺的服务。大家既然愿意花费高额成本，肯定是有期望的。这种期望，第一个就是内容，想让社员持续地付费，就必须不断地提供超出社员预期的有价值的内容。

这里说的内容，不是信息，不是提供给大众的观点、文章，而是专属于社群成员的特权。不对外公开的内容，把社员同普通“粉丝”区别开来，这些内容包括文章、培训、论坛、内刊等，也就是封闭式的运作，不求规模，但求优质。

目前被社群运用最多的就是培训和论坛，每周或者每月都有定期的行业干货培训，有精品论坛，有茶话会。但社群所能提供的内容并不限于这些，另外一块主要的有价值的内容就是相互推介、相互背书、社群成员之间的交流合作。

每一个社群的主导者，一定是在某一方面有过人之处，在行业内有一定的影响力。这个时候别人来参加你的社群，是需要与你共享资源的。比如你的学识、判断力，你的人脉圈子等。社员有营销方面的问题，有对市场把控不准的问题，他们就会来咨询你，来拜访你，你需要有所回应，给予专业的指导。

第三，社群玩的是人脉扩展、共享价值。

参加社群所能得到的，除了有价值的人脉之外，就是共享价值。你提供的是一个平台，群里每一位成员除了来共享你的资源之外，相互之间也能够产生价值。你是作为一个纽带存在的，要为社群成员提供相互之间可以对接的话题。

这就需要在规划社群运作方面有所思考，社群不是普通的会员制，不是仅仅提供已经承诺的内容就可以了。这是个社会组织、一个群体，人脉产生价值才是最终目的。

能够为了同样的目的来到一个社群，同时也愿意付出一定成本的一群人，有着共同的话题、共同的关注目标，相互之间很容易就能碰出火花。尤其是在 2016 年，我们看到的社群基本都是定位于细分垂直行业而建立起来的。

同行之间将人脉搭建得更广，有利于自身事业的发展，对于很多老板而言，也能够找到更多的客户，或者合作伙伴，这种价值比起单纯的内容要高得多，这也是很多人愿意花大价钱去参加高级社群的原因。

对于维护社群而言，每个人的时间和精力都是有限的，不可能顾及几百上千人，对于社群领导人也是一样的。这也是上文讲到的，社群不宜规模过大、人数需要控制的原因所在。社群领导人不仅仅是提供一个平台，作为大家交流的纽带，更多的是提供一种信用的保障，对每位社员进行过征信，然后才把这群人聚集在了一起。

22

我们需要的仅仅是微创新

微创新在引领趋势，99%的人只和微创新有关，没必要总是试图颠覆和创造。

一提到创新，很多人的第一个想法就是颠覆一切，制造一个完全不同的产品，设想去做一种从未有过的模式，这些想法都对，但往往是不现实的。因为那是极少数天才结合时代的更替，才会出现的。

按我们传统的教育方式，从小大家就形成了一种简单的思维：创新就是抛弃旧的东西，要有重大突破、重大跨越。很多小的功能改进、小技巧的运用，被看成是投机取巧，然而正是这些各种各样的小技巧，才促进了经济的发展、社会的进步。

从2015年开始，大家都在讲“大众创业，万众创新”，认为只有大众创业，全民一起来创新，才能促使经济飞跃，才能创造奇迹。每一个人都有机会做出一番事业，于是很多人义无反顾去创业了，有辍学创业的，有离职创业的，也有刚毕业的大学生创业的，看似红红火火，但结果怎么样呢？99%以上的人都失败了，失败的结果不仅仅是败光自己几年的积蓄，有的甚至负债累累。

所以笔者并不认为大家“一窝蜂”都来创业是可行的，至于创业，不一定要出来单干才叫创业，职业经理人也是创业，把一个行业、一门技术研究到精湛，也是创业。并不需要自己单独去撑起一个摊子，只要能够实现自己的价值，不断进步，都可以认为是创业。

而万众创新却是不一样的，每一个人，无论是处于哪一个行业、哪一个职位，都可以进行创新。农民改进农耕技术，是创新；设计师设计出漂亮的产品，是创新；作家写一本有深度的书，也是创新。每一次的微改动，只要是进步，都是创新。

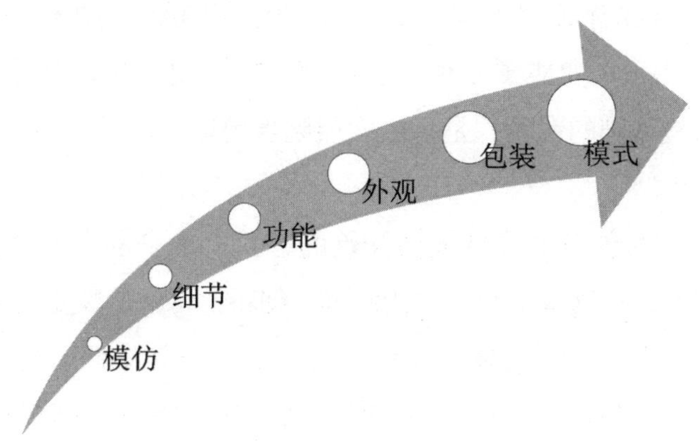

图 22-1 微创新的路径

微创新就是从模仿开始的

社会的进步、科技的进步，都是从一点一滴的微创新开始的。而微创新的基础就是利用已成形的产品、成熟的技术，在它们的基础上去不断地改进，就形成了我们今天所说的微创新。

模仿并不可耻，知识和技术的提升本身就是从模仿开始的，但是为了尊重知识产权，尊重创新，要禁止复制。复制和模仿是不同的，复制就是直接把别人的创新、好的产品拿过来，换个 LOGO，换个包装，就声称做出了新产品，推出市场销售，这是可耻的行为。

有人说我们国内的企业这些年没有什么创新，只是模仿国外的商业模式、国外的产品。比如说百度是模仿谷歌的，阿里是模仿 eBay 的，京东是模仿亚马逊的，QQ 是模仿 ICQ 的等，都被认为是模仿别人的，没有什么创新。

事实上并非如此，是我们没有理解什么是创新，在每一个行业都有一个研究基础——创新的基础，也就是一个已经普及的东西，然后在这种基础上再改进，比如说现在的家用小汽车都是四个轮子的，难道为了创新就要改成六个轮子的吗?

再比如说现在流行的手机款式，有说国内的手机厂商在模仿苹果，没有创新，按键几乎都变成了一个，颜色都是黑、白、灰，尺寸就那两三种。但这些都是基础的东西，是手机发展到当前这个阶段，用户最基本的需求。

所以说一切的创新都是从模仿开始的，我们拿来别人已经做好的产品、成形的技术，在这些基础上，我们再去创新，无论是改变尺寸、外观，还是改变一些小功能，都是创新。每一家公司、每一个人都可以做这种微创新，如此积累到一定阶段，才有可能实现大的跨越，这才是创新的真谛。

在一期罗辑思维节目里讲到创新，谈到电视的发明，普遍认为电视是一个叫贝尔德的人发明的，但事实上电视这个产品包含了很多相关的技术，不是某一个人可以完成的。在贝尔德发明电视之前，全世界各个角落都有类似的发明，并在贝尔德播出电视图像之后，一直到今天，近百年时间里，不断地有人对电视进行改进，从黑白到彩电，再到超薄液晶等。

这说明了，一切的创新都是在有一定基础之上，不断地做出微创新，才推动了社会的进步。电视如此，汽车、手机、洗衣机等都是如此，延伸到创业领域时，更该如此。

微创新可以不谈高科技

我们大多数人都无法颠覆一切，尤其是涉及高科技的时候，可以天马行空地想象，但实际操作起来难度非常大。所以大部分人只得脱离高科技去谈创新，毕竟高科技创新只属于少数人从事的领域，我们大多数人知道、会使用就可以了。

我们要关注的是自己从事的行业，在本职工作中尝试微创新。尤其是在创业的时候，对于所有涉及技术层面的问题，不要去浪费过多的时间。用户大部分的体验是与科技无关的，比如说手机的芯片八核和十核有多大的区别，用户在浏览网页的时候能感觉得出来吗？无论是看电影的时候，还是玩游戏的时候，不是高精尖的行业专家，很难感知到八核和十核的差异。

这个时候，我们需要的是回归产品的本身。很多企业大佬在陷入困境的时候，就谈回归初心，回归商业本质。这不是营销，不是出卖情怀，而是真的需要这样做。有的时候是因为走得太远，脱离了最初的想法，才导致了盲目扩张的结果。

比如曾红极一时的凡客，其当时的市场占有率、增长速度，让整个电商服装行业羡慕不已。与此同时，凡客的团队也迅速扩张到千人以上，品类延伸到家居、电器等各个行业。此时的凡客还是一家处于起步期的企业，要在这么多行业里做出特色，做出差异化，想脱颖而出，是一件非常困难的事。2015 年年中，凡客一落千丈，CEO 陈年在反省中痛下决心回归，以做好一件衬衫、一件 T 恤为本分，在众多的质疑声中，从头开始。陈年是一位了不起的企业家，在遭受了如此大的挫折之后，还能重新开始，其精神是值得所有创业者学习的。

从一件衬衫、一件 T 恤，开始做，其中有多少可以创新之处？在外行看来，已经没有什么可以值得改进的了，但对于从事过这个行业的人来说，并不是这样的了。从用料到设计，到舒适度，每一个细节、每一个纽扣，都可以进行改进，改进之后综合起来就是了不起的创新了。

今天我们要聊的是微创新。创新已经不是什么高大上的东西，也不是什么高科技。立足于产品，立足于服务，只要你的想法能被人喜欢，就是创新，在原有的产品上做改造，对基础产品再加工，都属于微创新的范畴。

凡客的再次起航就是微创新的最好案例。一点点的微创新，集合起来再次将企业拉进人们的视线里，凡客又一次成功了。

模式微创新

说到创业，第一个想到的就是这个创业项目的运营模式、盈利模式有没有创新。其实在谈模式创新的时候，笔者不太愿意举过去利用模式成功的例子，因为将过去成功的模式，套用到今天，基本是不会成功的。

原因非常简单，由于市场的变动、周围环境的不同，用户在变，成本在变，应对的方法就要随之而变。所以我们只能找方法，任何创业模式都是不可复制的，即使你拥有大量的资金，也不可能用同样的方式重塑一个和别人一样的商业帝国。

例如 2012 年之后，电商的创业者很难模仿淘宝模式再造一个类淘宝平台，因为已经失去了先机，失去了当初那个低成本引流的空白市场。此时去模仿，单就引流的成本来看，是非常高的。传统企业也是一样，做电商的时候，依然沿用经营传统企业的打法，用传统的思维判断市场，意识还停留在老思维、旧观念时代也是行不通的。

在创业或者运营项目的时候，我们可以在别人成功的模式基础上做改进，去综合，把自己独特的元素加进去。比如 2016 年 7 月的现象级产品“分答”，各行业“大 V”纷纷参与 60 秒的付费问答，但最火爆的是外加一元钱的偷听功能。其实重点不在专业的知识问答上，而在偷听的兴趣上，人人都有偷窥的欲望。

这个时候就有很多人说，这一次模式的创新是不是意味着知识付费时代到来了。我们深度分析一下，在模式上，它仅仅只是做了一些微创新，把现有的一些东西综合起来了。60 秒语音，微信早就有了，语音提问回答方式也早就有了，付费问答很多平台都已经尝试过了，“大咖”站台这事很多平台也尝试过。它的创新，就是“一元偷听”，再借用行业“大咖”和明星们的影响力，既赢得一片喝彩声，也获得了资本市场的青睐。“偷听”就是这款产品在模式上的微创新。

小功能微创新

微创新的第二个着手点就在产品本身的功能上，一款产品一定是能满足人们某种需求，但同时很多产品也是多功能的。此刻就要去繁从简，能一键解决的问题，就不要设置多个键，这或许就是苹果系列产品能打下半壁江山的一个原因：遵从极简的原则。

同时把需要几步操作才能实现的功能，缩减到一两步。一步能解决的就是简单，两步就让人感觉麻烦。同时也要考虑商品本身，是否真的需要如此多的功能，用户到底能不能用到这些功能，他们最在意的是哪些功能。

外观微创新

如果从功能上不能做出什么区别，就要考虑外观了。这点很容易理解，比如空调、冰箱、洗衣机、手机等，大多数品牌的功能都是标配，因为这些功能是人们必需的，或者说是现阶段的技术所能达到的最高水平。

这个时候的微创新就要落到产品的外观设计上，针对某一特定人群设计某种颜色、某种外形的产品，则需要设计师们去思考了。

对于互联网产品，外观微创新的另外一个重点就是视觉，就是我们平常打开一个 APP 首先看到的东西。人都是视觉动物，第一眼要有足够的吸引力，才会有下一个动作。尤其是在手机端，手机屏就那么大的地方，要让用户一打开就有继续向下操作的动力就得每一屏都有亮点，屏幕虽小，但可发挥的空间非常大。

外包装微创新

如果功能、外观都无法区别差异化，无法微创新，最后一点就落到产品的外包装上了。比如农产品，既无法改变功能，也无法改变外观，最多只能打原产地这张牌，可其附加值毕竟有限。这个时候就要考虑外包装了，水果、蔬菜等的外包装可以有很多的创意，因为蔬菜、水果的卡通形象本身就有很多，既可以设计得唯美，也可以简约，还可以夸张。

外包装是锦上添花的创新，其作用有点类似于产品外观的创新，主要是吸引眼球，同时方便人们携带。

23

靠大佬站台的模式从未成功过

崇拜的限度在哪里？只有用户在掏钱的那一刻，才确定是否能够变现，且理性往往会战胜感性。

人脉在创业中非常重要，这个大家都能够理解，毕竟人脉是自带资源的。但很多人却认为靠大佬站台就能引来流量，人们会被大佬吸引，会像相信大佬一样，相信自己的平台。从明星代言到学者专家代言，再到企业家代言，都是一种站台的表现，为其背书。但这种办法仅仅适用推广期，以获得用户信任，单纯依靠大佬来背书的模式，基本没有成功过。

大佬站台都是套路，观众早已认清了这个事实

明星代言出了很多问题，专家坐镇也出了很多问题。一些投资者喜欢说投资的重点是在“投”人、“投”团队，甚至一些成功拿到融资的创业公司在讲融资过程的时候，也喜欢把人的作用放在第一位，把自己过往的经历拿出来讲，这些是有一定作用的，但并没有想象的那么重要。

其实这些都是套路，为了公司宣传，为了产品能打开市场，为了 APP 获得更多的下载量，必须把企业创始人打造成为神一样的人，加持各种光

环，拥有众多灵感。但仅仅有这些还是不够的，创始人还需要神一样的队友，比如以世界500强高管为主的专家团队、行业顶尖的合作伙伴，再拉几个业界的专家背书。

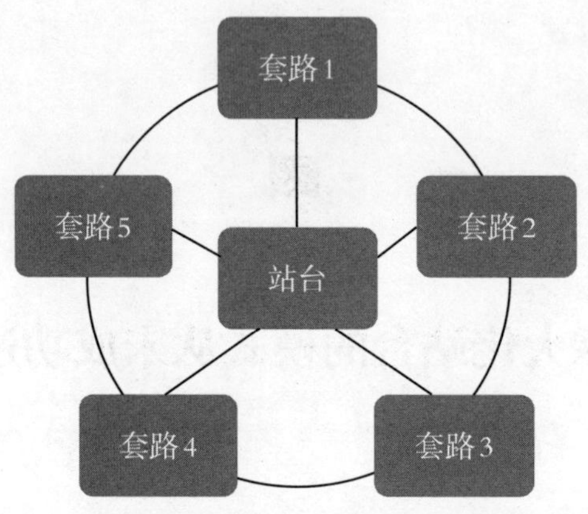

图23-1 创业中的“红花”与“绿叶”

这些套路在很多公司身上都能看见，然而并没有起到什么实质的作用，因为除了创始人和身边的几个核心骨干与公司有关外，其他人都只是请来为公司站台的，具体不做什么事，对公司的业务和发展并没有任何作用。

比如2015年12月，某位国内知名经济学家、畅销书作者在太原的一次演讲中，被泛亚事件的受害者围堵，场面极其混乱。看到视频后，笔者也是很惊讶，因为对他的印象一直都不错，不仅早在大学时就读过该作者的经济专著，还经常会看他发表的一些文章。此次事件发生后，舆论一片哗然，虽然事后当事人也澄清不是责任方，但已形象尽毁。

我们就事论事，背书的名人真的没有责任吗？很多人说是老百姓自己贪小便宜，是自己的贪婪害了自己，怨不得别人。这种论调纯属瞎扯。那些退休的大爷大妈们，他们想用自己一辈子的积蓄投资赚点钱，这没错。物价在飞涨，货币在贬值，投资赚钱保值是唯一的出路。

然而在投资的过程中，他们该相信谁？当然是金融界、经济界的专家，最权威的人士。活动主办方请专家来讲经济形势、金融走势，目的很明显，外行人一眼就看出来这是会议营销的一部分，何况是久经沙场的老将呢。这件事终究是害人害己，所以专家们站台需谨慎。

这种事情一件接一件，“专家”这个词已经基本废了，因为伪专家太多了，更重要的是不负责任的真专家也多，这也是大众反感这个词的原因。

靠面子、挂个名，最初可能会有效果

虽然互联网发展已有十几年，大家对于很多骗局有一定的认知度，但现实中毕竟还有很多网民刚刚接触互联网，对很多行业的状况不是很了解，在购物时可能涉及各个行业，不可能对每一个行业都去深入研究，然后再去购买，因此最节省时间成本的做法就是相信大平台，相信行业大佬的推荐。

这就告诉我们这些创业者，对于新项目、初创公司，一定要找一些大佬来站台。这些人不需要做什么，只需要挂个名而已，目的就是增加用户的信任度，这是运营环节必不可少的一件事。寻找的方式包括，出钱挂名、调动自己的人脉，还有就是依靠投资人的人脉。

但要记住无论是增强用户的信任度，还是作为宣传的噱头，名人背书仅仅只是协助，就像游戏里的辅助角色一样。不是主打的商业模式，更不是运营的核心要点。

把名人作为噱头，消耗这些名人的影响力，去拉新用户。用户可能有一时的新鲜感，乐于去尝试，但这种新鲜感的效应降速极快，甚至会让创业者觉得这是一场梦境。或者尝完鲜之后，就觉得无聊、俗不可耐，再也不会来这个平台了。

在知识类平台上，大家是来学习的，娱乐是附带功能

2016 年 6 月，一款最火的付费知识问答平台刷爆了整个社交平台——分答。它被称为一款现象级产品，可仅仅火了两个多月就黯然消退，不可

否定的是，它确实在模式上有一些创新，让大家看到了知识变现的希望。

从这款产品的发展轨迹中，我们很容易发现，它完全是被众多大佬捧起来的一款产品。投资人王思聪入驻，并回答问题，一天赚了好几万元，吸引了众多名人、意见领袖、行业专家、明星等入场，这是一场成功的营销。

一场名人聚集的盛宴，这些名人自带流量，于是就有了大量的用户。分答的偷听功能也被很多人喜欢，每个人都有偷窥欲，然而这种偷窥欲迅速下降，因为大家并没有从60秒的回答中获得实质性的知识，只是一时好奇，满足了一下好奇心而已。

而对于那些真正的专家和意见领袖，却很少有人提问题，原因很简单，这种付费的问答所花的成本是比较高的，而且答案也并不是那么让人满意，没有互动和讨论，别人的回答无论你满意与否，在听答案的那一刻就已经默认你满意了，并不算什么公平的交易。

很多人在分析分答的活跃度迅速下降的问题，归结于创新能力不足、付费知识时代的窘境，还有市场不够细分等。这些都有一定道理，但我始终觉得分答是本末倒置了，既然是一款付费知识类的产品，就应该把专业知识放在首位，而不是娱乐。

运作的模式上可以靠娱乐模式吸引人，但不能以娱乐为主导。这些用户涌进来，并不是为了获得真正有价值的知识而付费，完全是付费来娱乐的，满足偷听欲，还有一部分是想来赚钱的。

对付费知识的提供者应该有一套严格的甄选制度，不是任何人都能来回答问题，虽然是共享经济时代，但毕竟是付费知识，要有足够的专业度才能提供专业的知识。否则人人都能来提供服务，导致一大批的伪专家入驻，回答都肤浅无理，没有什么权威性，付费者又无法维护自身权益，当然就果断离开了。

所以知识类平台，考量的是专业度，判断的标准是能否提供持续专业的知识输出，并不是靠大佬站台做一次成功的营销就能成功的。

在社交平台上，用户是来交流的，无回复则很容易流失

再看看社交平台，网络社交的本质是扩展人脉，是交流，利用人脉获得更多的资源。做社交平台的公司很多，但是主流的，就那么几个，如微信、QQ、陌陌、豆瓣等。

然而还有一家互联网巨无霸企业一直在尝试做社交，却从未出彩，就是阿里巴巴。从来往到钉钉，再到支付宝，每一次都噱头十足，马云也曾亲自代言，还请了各行各业的企业创始人一起推，广告的形式基本就是大家都在用的这些。可效果并不怎么好，每次都是雷声大雨点小，大家看一眼，还是继续用微信和QQ。一些人分析是阿里巴巴没有社交基因。在普通人眼里，阿里巴巴有钱有人有资源，怎么社交平台就做不起来呢？没有社交基因这个观点是不可靠的。只要是能把问题分析清楚，就会有解决方案，阿里巴巴的智囊团早就看清了一切。其实这就是资源太多的弊病，和阿里巴巴一贯的做事风格有一定关系。阿里巴巴向来是以自上而下的方式做电商，疯狂地打价格战，疯狂地投资并购，只要高层决定了，就立即执行。做社交产品也是一样，疯狂地进行广告宣传和名人推荐。

相信也有很多用户下载过阿里的几款社交产品，但最后都离开了。因为大多数是被广告吸引的，看到大佬都在玩，于是想去扩展人脉，结果发现，这些被邀请来入驻的大佬，基本没怎么在线，只是“名片坐镇”而已。

但当钉钉定位为服务企业的时候，效果就不一样了。做企业办公服务，企业员工可以用钉钉来打卡、来请假等，其江湖地位立马就显现了，很多中小企业也就用上了，因为它节约了办公成本，光打卡考勤这一项就值得用了。

很多细分的垂直社交平台也是一样的，运营部门有一项工作，就是邀请行业知名人士入驻，或者创始团队利用自己的人脉关系，邀请一些企业家入驻。然后再用这些人的影响力，带动其他用户。

策略本身没有问题，会有一定作用，但仅仅是拉新用户的作用，新用户进来之后，发现各路“大V”都有，于是兴致勃勃地去联系，去交流，

最后发现对方根本没有什么反应。仔细研究之下就能发现，大佬们从来没有互动，从来不发动态，就是一张名片，名片上只有头像和姓名，其他有价值的东西完全没有。加上在模式上也没什么创新，用户自然回去继续使用原来的社交平台。

对新用户来说，这个平台也根本没有什么作用。来社交平台的目的，无非是方便联系熟人，方便扩展人脉，偶尔做点营销。这三种目的中，对于第一种，新型的社交平台很难做到；第三种只是隐性目的，不能作为主打方向；突破口就在第二种，如何扩展人脉。

而所有成功的社交平台，都是自下而上的，因为大佬不需要花太多时间扩展人脉，人脉会自动跟随。需要扩展人脉的是那些正在奋斗的职场人士、创业者等，他们的需求才是第一位的，但他们需要的是真正的、可以互动的人脉，不仅仅只是一张名片。

购物平台创业，靠大佬站台基本没有什么作用

最后说说购物平台方面的创业，其不仅仅局限于实物，还有O2O、媒体、服务行业等，依靠大佬站台做出成绩的，几乎不可能。

很多垂直的电商平台，都会有一个专家团队，或者有一个战略顾问团队，里面是清一色的行业顶尖企业家。可事实上这些专家、名人从来没有来过公司，也没有给过什么意见，更没有为公司的产品质量把过关。但是对于电商平台来说，他们是商品质量的背书。

而真正的消费者，在浏览一个新平台的时候，会做全面了解，会去比价，对比质量。购物平台如淘宝、天猫、京东几乎包含了所有能够在网上交易的产品，如果光靠大佬坐镇就能创业成功，那么淘宝有马云，京东有刘强东，而你的平台请的大佬有他们厉害吗？

所以对于创业者来说，不要把过多的精力和时间花在请名人站台上，也不要刷脸去请人帮忙，欠下的人情债比欠钱更难还。还是把心思花在产品上，花在对盈利模式的探索上。

24

实体店的价值将被重估

体验消费是一种生活方式，实体店的价值不可估量，新零售将再次引领实体店。

从2013年开始，频频爆出电商企业进军实体店的消息，方式基本有两种：一种是以收购注资的形式，一种是直接开线下连锁加盟店。从京东入股永辉超市，阿里和银泰、万达合作，再到当当网和亚马逊开启线下实体书店……市场主流声音是：实体店大量倒闭，实体经济已经不行了，那么为何还有这么多电商巨头开启线下实体之路呢?

2015年12月，当当网对外宣布其实体书店计划，未来三年将在全国开设1000家线下书店，其中85%的书店将开设在县级城市。而就在此前一个月，电商巨头亚马逊的第一家实体书店Amazon Books在西雅图市中心以北的University Village购物中心正式对外营业。

这两则消息，引发了电商行业的争议，再加上2016年很多公司的电商业务增速放缓，似乎遇到了瓶颈。同时一些电商企业也在探索线下之路，也就是所谓的O2O。

电商有其本身不能解决的问题——场景体验

即使你解决了假货问题，解决了配送问题，解决了安全问题，但最终还是无法解决场景体验的问题，因为实物给人带来的那种体验，是无法用视觉来替代的，既然大家都意识到了这个问题，那么线上的扩展就实实在在地需要线下支持。

传统行业被清洗得最彻底的就是图书和手机领域了，这类产品都是大家所熟知的标准品。有人说标准品的零售一定会被电商零售所替代，实体店都会消失，其实这都是那些既得利益者在呐喊，是在维护自己的地盘，为企业宣传发声。

手机作为标准品，网上出货量确实很大，但苹果、华为、小米、VIVO等大品牌都在线下建立了自己的体验店，无论是以销售为主，还是以服务为主，都是一种品牌形象的展示、实力的展示，不断地弥补线上零售的缺陷，这也是整个商业发展过程中的一个进步，毕竟现在的体验店和过去的实体店有很大差别。

不是谁抢谁的生意，而是经济发展的必然淘汰行为

实体店大面积关门，没有生意，就把矛头指向了电商；线下生意做得不好，就全赖淘宝。这种思想本身就有问题，经济的发展有自己的规律，商业运作也是，线上的空前繁荣在一定程度上也促进了线下商业环境的改善。

以前传统商业模式的信息不对称情况已不存在，行业暴利逐渐消失，商品回归到合理的利润。还想凭借独特的位置、强力的渠道、垃圾的服务赚到钱，是不可能了。电商的冲击也促进了线下实体店服务的提升，促使很多人开始接触新鲜事物，不再只是闭门造车。最终促进的是整个社会的进步，至于实体店萧条的原因，大多是经营模式和时代脱节，这也是正常的竞争淘汰现象。

线上零售和线下零售的本质是一样的，存在博弈也属正常，谁能更好地满足用户的需求，用户就会选择谁，埋怨别人是解决不了自身问题的。就像笔者经常提到的，电商对实体店的冲击，同当年实体连锁店对国营代销点的冲击是一样的，是时代的选择。

电商不仅仅是一个销售渠道，而是一家企业的核心

前几年是传统行业纷纷触电的时期，是从线下走到线上的融合阶段。很多的传统企业在线上开辟零售渠道，经营商品，开辟营销推广渠道，宣传自己的品牌形象，获得了一定的成绩，但基本还是线上和线下两条线并行运作。

要么区分线上和线下的产品，个别型号做线上，个别型号做线下，利益共存，不会引起内部相互掣肘；或者是品牌区分，线上做一个品牌，线下运作另外一个品牌。

这些都是典型的用传统思维在做电商渠道，只是权宜之计。两个渠道共用供应链，共用人力、物力，在电商刚开始的红利时期，是没有问题的，不必顾忌太多，大家的打法基本一样。网购的大部分用户对线上的这些品牌没有过多的了解，对线下品牌了解得也不多，重点看价格，这种方式是最有效、最节约成本的。

到了今天，情况已经发生了变化，纯网购用户的增长非常缓慢，一部分网购用户由于差的购物体验被逼回了实体店，同时，第一批网购用户已经有了一定的经济能力，对价格没有那么敏感了，更重视产品品质和服务品质。从各大电商平台战略来看，有一个明显的特点，就是开始重视对线下购物用户的培养，目标不再是“宅男宅女”，而是更广阔的生活服务市场、更广大的线下购物用户，因为他们的购物能力更强，客单价更高，利润也更多。

所以这种区分线上线下的方式运作，已经不合时宜了，传统的大品牌在不断地占领电商市场份额，它们在线下拥有多年的品牌植入，拥有生活

类消费品消费频次最高的用户，有一定品牌知名度，有实体店的实力保证，以及消费者的口碑验证，当它们打入线上市场的时候，本身的竞争力非常强，连续三年的“双11”各品类排行榜上榜品牌就已经证明了这一切。

融合为一体才是改革，才能跟上趋势

线上线下分品牌、分产品运营，不利于品牌的聚焦，也不利于忠实用户的培养，除非企业每一个品牌都能排到行业前10名里面。否则现在无论是线下介入线上，还是线上走到线下，资源都得不到合理的分配，相当于一家企业跨界进入一个行业，开了家新公司。

所以，电商品牌走到线下，前提就是品牌的统一、产品的统一，一个线下购物频次多于线上的用户，最忌讳的是他在网上看到的产品在实体店里却无法体验，而电商企业开实体店的目的，就是为了吸引这部分用户。

实体店的存在有着不可替代的价值，体验是实实在在的感受。有人“宅”得不愿意出门，也有人喜欢和亲人朋友去逛街购物，家庭的聚会、朋友的约会，更多的在于体验那份实实在在的相聚时光，因而逛实体店是个不错的选择。实体店是面对面的销售，玩的是服务，需要的销售技巧会更高一些，每天要面对各种不同类型的人，面对各种不同的情绪，因而管理者要重视店面的布置、管理，需要线上的品牌重新布局、设计。

电商的实体店之路基本可以分为两种情况

淘品牌[①]的线下之路

依靠电商发展起来的淘品牌在这几年明显有些乏力，因为缺乏对供应

① 淘品牌是淘宝商城推出的基于互联网电子商务的品牌概念，是淘宝商城和消费者共同推荐的网络原创品牌。

链的把控，缺乏线下对品牌的塑造，当线上红利不存在的时候，新用户的获取方向就变成了那些习惯于线下购物的用户，而这部分用户更重视体验，因此，这部分市场如何去争夺，变得尤为重要。

电商企业做实体店是为了争夺更大的市场份额，通过高效的供应链、互联网的全面对接，同消费者拉近距离，提供全方位的服务。

首先，淘品牌的优势是懂得互联网的规则，知道用什么样的方式最能打动用户，在对商品性价比的掌控、服务上不断提高，但这些方法一直用于互联网。互联网上的运作需要很多技巧，但线下实体店的运作更需要技巧，传统企业做线上很难适应，淘品牌做线下实体店也是一样，需要从头开始，掌握各种店铺运营管理技巧。

从线上走到线下的品类也是有一定选择性的，不是所有的品类都合适。一般非标品、体验感比较强的产品最合适，比如服装、家具品类，服务于中高端用户，更多的是向他们提供购物的乐趣，以及购物时的舒适感，同时也增加了客单价，提供更多搭配的选择。

这也给了自己品牌一个实力的背书，网购被大多数人吐槽的原因是虚拟，看不到，摸不着，无法直观地判定，就算可以七天无理由退换货，收到不合心意的商品难免也会影响心情，增加购物的成本。如果有了实体体验店，不但可以将其作为宣传的素材、实力的保障，也能打消用户的不安全心理因素。

实体店本身的升级改造

目前已经有大量企业开设电商渠道，可它们为了避开与线下渠道的冲突，提供了差异化的产品。与其说产品具有差异化，不如说是向电商的价格战妥协，很多实力不是很强的企业，就通过减少成本，提供廉价原料来达到投入产出平衡，线上提供的产品在实体店里根本就没有。

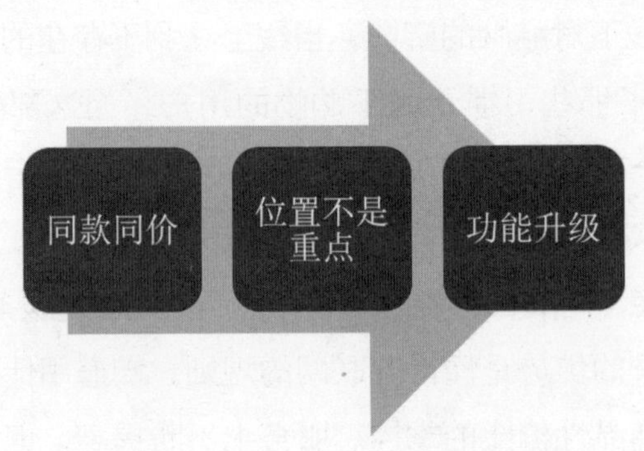

图 24-1 实体店的升级改造流程

第一，线上线下同款同价。

对于那些喜欢在网上搜索、去线下体验的用户来说，线上线下产品质量不同，无异于欺骗，本想着如果线下体验好就可以买单，可到了店里却被告知那是网店专供产品，线下不经营，尤其是有些实体店的销售员为了能让用户在线下成交，提高自己的业绩，甚至诋毁自家的线上产品。这不仅仅是人员的培养问题，而是整个经营策略出了问题。

刚开始做电商的时候，线上线下的个别单品分开去做，本来是有很大优势的，能够避免现有渠道商的反对，不会对正在盈利的产品和渠道造成冲击，毕竟电商的份额还不大。但到了 2016 年，情况已经完全不一样了，很明显的趋势就是线上同线下的融合，第一个要解决的就是同款同价问题。

第二，位置已经不重要了。

以往要在繁华的市中心开实体店，需要预估商圈覆盖范围、人流大小等。这几年商业地产租金不断高涨，实体店的日子并不好过，很多经营者还是抱残守缺的态度，把责任推给市场行情不好和电商的冲击，可自己却没有真正下决心改变，不知道如何去触网，如何最有效地利用实体店经验去做线上线下的融合。

电商时代的线上线下融合，对于店铺位置的要求已经不是很重要了，可以把店铺开在写字楼，开在不繁华的街角，甚至可以开到郊区，避开高额的租金。至于流量问题，更应该考虑的是如何利用互联网做好宣传推广，实现在线上有成交的地方，线下有体验，也有成交的地方，让自己的产品无论是在线上还是线下，都能随时出现在用户聚集的地方。

同时也需要缩减实体店的数量，既然商圈已经没有了太多的意义，数量上就一定要精减，根据城市规模布局，一、二线城市可以布局两到三家，三、四线城市一家就可以了。线上需要通过各种网络营销的手段将自己的产品推送到用户聚集的地方，线下就没有必要了，只需要告知实体店在哪里、提供什么样的服务就可以了，这对于有体验要求的用户来说是一种福利，对于没有线下体验要求的用户来说更是能增加一份实实在在的信任感。

第三，实体店的功能升级。

实体店最缺的就是对互联网工具的使用、对当下时代趋势的认知。很多实体店仍然活在几级代理的模式里，批发后加价做零售，赚取几倍的利润，即使用户变少了，也是“坑”一个算一个。消费者又不傻，留存率当然会越来越低了。

很多实体店的客户流失非常严重，几乎没有客户二次购买，加上商圈范围的限定，并没有多少用户可以开发。而实体店的宣传成本也不低，很多商家为了促销，不断以低价吸引消费者，开始脱离自己的品牌，从各种渠道拿一些假货来充量，因而消费者体验更差了，也更不会来了。

实体店的功能包括场景舒适度和服务态度。很多实体店都是一种简单的陈列、货架式的摆放，根本没有场景感，这在20年前或许还行，因为大部分人还没有能力、没有意识追求体验感、舒适度等，但今天已经不同，店铺场景感太差，消费者去了也没有购买欲望，所以在整体上的色彩搭配、空间场景布局、休闲娱乐区等方面都要去做改进。

至于服务，就更需要重新调整了，能改善的地方太多了。很多实体店都在说“顾客是上帝”，以此来诠释自己的服务理念，可实际上都是想利益最大化，有底价，有折扣价，有标价。笔者更赞同小米创始人雷军说的：把用户当朋友。真正地去交心，让用户心里感到舒适。

实体店的机会在哪里

一、二线城市已经没有太多空间，即使是实体店的改造升级，一、二线城市也已经做得很好了。同时，出于自身竞争的原因，实体店也在不断地改进，但除了综合性体验购物中心，大多数的实体店机会很小。这个时候，就要考虑三、四线城市的机会了。

在三、四线城市乡镇，网络购物不算发达，物流运输成本很高。这个时候仓储式的实体店就可以大展拳脚了，2015 年不仅当当网和亚马逊开启线下体验店，京东也在很多县、镇开了“京东帮服务店”，淘宝也开了不少“村淘”店。这些店更像是一种综合服务体，可下单、配送、自提、实体购物等。

这种类型的实体店，完全是线上和线下的融合体。同时集合了线上和线下的优势，线上可以宣传，加上移动互联网的发展、LBS 定位技术等，让用户可以随时随地发现附近的购物店，再加上实体店本身也有宣传效应。同时又有线上品牌强大的信任背书，兼具各种功能，这样的实体店才是移动互联网时代真正契合用户需求的消费场景。

实体店的价值将被重估

2016 年，电商行业资本布局频现，在实体店方面尤其突出，京东入股永辉超市，阿里投资苏宁，苏宁开启天猫旗舰店，不难看出实体店的价值已经被重新认识，线上和线下将会成为一个闭环。目的很明显，就是让消费者可以在线上进行信息搜集，筛选品牌门店，或者到附近门店看看，然后回到线上下单，或者在门店成交。

未来的电商巨头，不仅仅是占据线上话语权就可以了，还要抢占线下的话语权，即使是天猫这样的巨头，也在布局直供家电的模式。电商平台有一个弱势，就是无法控制货品质量和定价权，只有通过和线下巨头的合作才能达到这种目的。

电商走向线下，恰恰证明了中国电商环境正在变好，日渐成熟，品质货品、品质服务将是下一个核心，也是争夺的要点。要做到这一点，必须拥有优质供应链，而实体店就是其中的一个重要环节，在线下提供场景体验、送货、售后等服务支持，这些都会成为竞争中的利器。

实体店是新零售不可或缺的一部分，现在线上线下已经相辅相成了，在一条完整的零售商业链条里，实体店的作用是无法替代的。

25

跟随复制“双 11”的机会

电商造节已经成型，所有商业只需要紧靠“双 11”即可，这是重塑商业形态的重要环节。

电商购物节“双 11”已经做了好几年，2016 年“双 11”成交额又创新高，尤其是传统品牌表现抢眼，移动端消费力更是凸显。很明显的一点，就是市场环境已经有了很大变化，于是各种猜想、各种推断层出不穷，有人质疑销量的真实性，有人质疑促销的可靠性，还有人质疑“双 11”大促的未来。

2015 年 11 月 11 日，“双 11”天猫狂欢成绩爆出惊人的 921 亿元，移动端占比 68%，京东“双 11”也过了百亿元，再加上唯品会、当当、亚马逊、苏宁易购、国美在线等平台，一天成交金额就达到了千亿元规模。到 2016 年，天猫“双 11”成交金额更是达到 1207 亿元。

面对如此庞大的数据，不要认为仅仅只是看了场热闹，这个体量对于任何一家公司、任何一位职场人士来说，都值得去研究，挖掘对自己有用的信息。这些信息会让你对电商市场得出一个基本判断，看到下一个趋势，进行下一步规划。尤其是对那些想进入电商领域的传统企业和想在电商行业创业的人来说，是一个不可多得的机会。

但很多人只关注大品牌在大促时期的“互撕”、快递“爆仓”的惨烈、没有抢到秒杀产品的“吐槽”，还有各种谣言和退货潮等。事实上，更应该看到的是在整个经济环境不佳的状况下，如此巨大的经济交易现象对整个社会的贡献，对就业的贡献，对快递物流行业的推动，以及带来的商业机会。大家应该抛弃那些负面的信息，挖掘有用的商业信息。“吐槽”、抱怨、批评、质疑，毫无用处。

大平台垄断下的机会

“双 11”当天，淘宝和京东两大电商平台占据了90%以上的销售额，可以肯定的是在电商零售行业，双寡头垄断基本形成，而且在未来的5—10年里，很难打破这种格局。

那么零售类的品牌商、渠道商，就要清楚，要做电商，首选的平台应该是哪两个。对于其他电商平台，应该关注的是其主营类目，别一味地采取全网多平台战略，很多平台对于你的产品而言就是鸡肋，只是给平台添彩，反而增加了自己的运营成本，产生不了多少效益，最后自己反成了是个“打酱油”的。在运营的过程中，做好一个平台之后，再去入驻另外一个平台，所有电商平台的运作方式基本相同，也是一通百通的。

同时，互联网电商创业者要明白，想创立一个平台型的项目，竞争力何在？无论是在PC端，还是手机端，要找到一个新的突破点、一个新的模式，同时也要有足够的资本。比如唯品会—— 一个专门做特卖的网站，凭借创新的模式站稳了脚跟，但想在双寡头垄断下的市场中分一杯羹，从大平台上把客户拉到自己的平台，成本非常高。

传统品牌的优势逐渐凸显

在对2015—2017年“双 11”的销售数据进行深度解读的过程中，会发现，前10名，甚至前50名里，红极一时的淘品牌已经寥寥无几，几乎都被传统品牌占据，这说明，越来越多的传统品牌成功开拓了自己的电商之路。

传统企业为何能够成为“双 11”的主力？探讨这个问题的时候，我们要抛弃运营技巧和资本实力，回到电商本质问题上来。电商的本质就是一种商业行为，传统品牌拥有广大的线下用户群体，而同时越来越多的线下用户被开发成了线上用户，因此传统品牌自然就在电商平台有了品牌影响力。

电商本身的缺陷——信任问题、质量问题、品牌问题，都可以通过传统企业品牌商去解决，还能兼顾其供应链、设计、开发等优势，只是把战场转移到了线上，加上平台对传统大品牌有倾向性，运营技巧方面都在流程化，可操作的空间在缩小，因此传统企业只要找对了运作的团队，一切都 OK。

移动电商逐渐成为主导

2015 年天猫“双 11”节实现的销售中，移动端占了 68%；2016 年天猫“双 11”节，移动端占了 82.4%。移动电商趋势已经提出两年多，但还是有很多人心存怀疑，一些人始终认为手机上闹不出多大花样。同时很多专注于移动端的公司，要么是陷入疯狂“烧钱”拉人的陷阱，要么是进入移动网络营销的迷雾。基本表现在付费下载 APP，付费关注公众号，付费分享“软文”到各大社交平台，至于最终是否能够实现转化、实现成交，却没有任何把握。

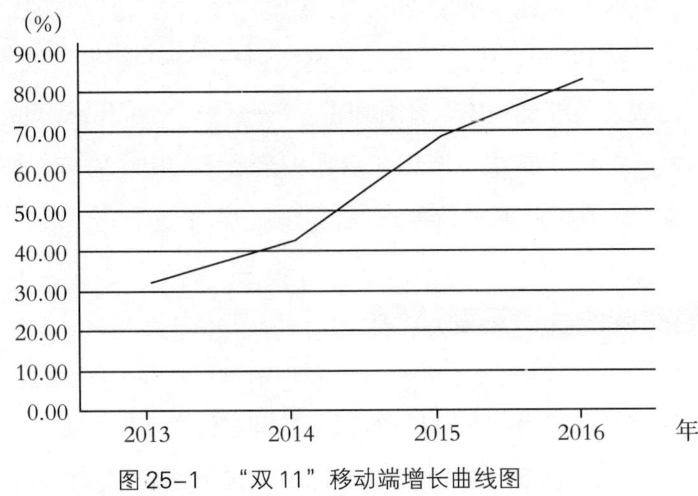

图 25-1　“双 11”移动端增长曲线图

事实证明，移动电商的占比正越来越高，按移动端付款方式去统计，都是通过手机完成的真正的成交。所谓质疑网络安全、浏览习惯、购物习惯、展示等，此类负面的声音已经越来越少。除了天猫的数据，2016年6月，京东618战报显示，移动端购物已经占到了85%以上，其他购物网站的季度成绩单里，移动端占比基本都在75%以上。

支撑移动电商已成为主流的理由基本有这么三条：一是智能手机功能强大，能实现电脑几乎所有的功能，完全能够支撑电商购物。通过一台智能手机都可以轻松地访问任何一家购物网站，实现交易，并能实时跟踪进程。二是手机购物消费习惯已经养成，适用人群越来越广泛。手机购物适应当前人们的生活方式——碎片化购物，在任何地方都能完成购物。三是网购人群花在手机上的娱乐时间越来越多。在各大社交媒体平台、各大自媒体、各大购物平台移动端，人们的目光聚焦在哪里，商机就在哪里。

因此，应该把更多的目光聚焦在移动端，花更多的时间去研究移动电商、移动互联网，为自己的事业助力。

那些乱象的背后都是进步

每次“双11”结束后，被大家“吐槽”的有这些名词：退货潮、刷单潮、快递爆仓、虚假促销等。事实上，我们都能在这些名词里找到正面的东西，找到应该改进的地方，竞争力很多时候就是在解决抱怨的过程中蓄积的，大家都解决不了的问题你解决了，别家普遍被诟病的问题你家没有，你的竞争力、优势就会显现出来。

第一，退货潮。

曾有一条天猫500多亿元退款的消息，在各大社交媒体疯传，还被很多“大咖”转发扩散。这种消息哪怕用脚想，都能确定是虚假的，竟然有人相信，有人想去佐证，还有人在推算其他平台的退货率。

这完全是杞人忧天，一天如此大的交易量，几百亿元上千亿元的销量，有退货、退货率比平时高，都是很自然的事。不要因为一些谣言而否定“双11”的商业价值，商家要做的是如何减少自己的退货率，在服务上、品质上、包装上做改进，而不是附和这种谣言。

第二，刷单潮。

刷单现象其实在2016年就已经有了明显的改善。以前各大电商平台都有所表态，不支持刷单，严厉打击刷单，但实际上，力度都不大，存在“放水”的迹象，这也存有监管的漏洞。

一旦设置各种规则、制度进行约束，利用技术去做屏蔽，刷单就基本已经失去了价值。了解搜索规则的人都应该清楚，刷单除了刷销量之外，都是在拉低整个店铺的指标，拉低自己的权重。只有刷的评论还有点作用，可当用户之间可以相互提问的时候，这种刷出的评论作用就逐步地降低了。

刷单本身就是一种虚假商业行为，势头在消退，各大商家会逐步回归平等竞争的状态，这对整个业态来说是件好事。

第三，快递爆仓。

国内快递发展迅猛，可以肯定地说，是被电商行业给逼出来的，否则不可能有现在这么规范，这么快速，覆盖范围这么广。对于“双11”快递“爆仓”，就很容易理解了，一天暴增如此多的快递量，快递公司不可能为了一年中的某一天而预备过多的资源，一时难以消化也属正常。

在大促过后，这些资源如何处理？至于网上抱怨的“都快‘双12’了，‘双11’的快递还没到”等个别现象的确存在，但比重相当的小了。既然要在这样的大促期买东西，一定是有利益诱惑，既然获得了利益，就应该承担一定的风险。

而相比过去，快递行业可以说一年比一年好。在快递市场竞争异常激烈的情况下，快递费用也在不断走低，但服务不能“减配”，这对于做电商的企业而言，是一种利好。在配送上，不用有太多的顾虑，即使是偏远的城镇和农村，也会被逐一覆盖。市场的深度正在逐步开发。

第四，虚假促销。

虚假促销的热议主要表现在大促之时是真打折还是假打折，很多人发现大促期间买的产品在大促之后降价了，于是开始各种“吐槽”，有图有真相。可商家是否承诺过大促的价格一定是全年最低的，或者保价多长时间？事实上这几年疯狂的价格战打下来，很多商家已经忘记了什么是真正的商业运作了，忘记了电商的本质是什么，他们只看到了眼前的价格战，为了在价格战中获胜就可以不惜一切手段。

商家在混乱的时候，就没有了自己的节奏，失去了商业运作中的主动权，只是一味地附和平台，把促销当成是做电商的技巧，当成唯一的出路。却忘了电商也是商业的一种模式，有太多可以提升的空间，有太多的事情可以做。

就拿虚假促销来说，别人虚假打折，你提升的机会就来了。别人的承诺做不到，你的承诺做到了，差异化就体现出来了。至于经营服务的细节，有太多可以提升的地方了，无论从哪个细节入手，只要围绕提升用户体验，就会形成竞争力。

“双 11”还会有吗

“双 11”过后，很多人在讨论，“双 11”明年还会有吗，还有价值吗？有两种声音特别响。第一种认为“双 11”已经失去了吸引力，每年的折扣基本相同，玩法也没有什么区别，其实是陷入了价格战的陷阱。第二种认为“双 11”已经没有了存在的意义，因为电商平台大格局已经形成，这种大促是自伤行为，网购用户本来就在这几个大平台消费。

事实上这两种观点都站不住脚，很容易被击破。可以很明确地说，“双 11”的价值还很大，还有很大的发展空间，但是无区别的玩法和价格战确实是失去了吸引力。在众多品牌惨烈竞争的现状下，价格已回归常态化，利润已呈正常化。那么除了价格战，还可以拼服务，拼玩法，拼体验，拼物流等。尤其是拼创意，创意会层出不穷，玩法也会层出不穷。

大的电商平台格局的确是已经形成，但在垂直细分领域仍然有很多的机会，规模虽然比不上那些大平台，但仍然以其独特的模式、专享的服务吸引了大量的用户。比如汽车、工艺品、鲜花、化妆品等，谁也不能断定这些垂直细分平台日后会是怎样的场景。

“双 11”会继续下去，而且会出现更多的电商节日，不是指除了淘宝之外国内的电商平台会再造一个电商购物节，因为同类的节日是缺少吸引力的，人们只会记住“双 11”，并习惯在这个时候疯狂。

但似乎还缺少一个跨境电商的购物节，亚马逊创造的“黑色星期五”并没有在国内形成影响力，网易考拉海购正在酝酿这样一个节目，相信在不久的将来一定会有所表现，其他主题类购物节也是如此。

直接享受成果即可，何必费力再去打造一个节日

既然这个节日已经被用户认可，直接参与到这个节日中就可以了，又何必费力再去打造一个其他节日呢？造节是大平台的事，商家和用户参与就行了。即使你做的是独立电商平台，也可以跟随“双 11”的脚步，加入每年一次的疯狂购物节。

对于用户而言，他才不管节日是谁家办的，加入就是图个便宜，图个热闹。购物节卖的产品，平时都可以买，送货和服务也不见得比平时好，参与其中还是图个参与感。

购物节当天周围的人都在讨论购物，都在抢东西，都在关注各种和大促相关的话题，你怎么可能不参与。很多人也在盯着那些数字：几点几分交易额多少，又突破了多少，谁是类目第一，哪个品牌又进入了前十。这些话题被各行各业所关注。

“双 11”已经成了人们生活娱乐的一种方式、一种习惯，有时候不是为了买到需要的商品，只是觉得有必要参与一下，有和别人讨论的话题。再造一个“双 11”购物节，根本没有什么必要，节多了就没有期待感了，更何况现在几乎所有的电商平台都有自己的购物节，还有周年庆、店庆等活动，基本都是小打小闹，没什么大的动静。

现在再打造一个全网民狂欢的节日，成本比当年淘宝打造“双 11”要高得多，首当其冲的是流量成本居高不下，其次是网购商品在经历几年的价格战之后，价格已经基本回归正常，没有那么多的让利促销空间，吸引力自然就下降了。

26

技术导向并非你要关心的

技术重要吗？对大多数企业而言并不重要，技术是工具，交给专业的人做更靠谱。

凡是互联网创业项目，都离不开技术开发团队，这也成了所有创业者不得不了解的问题。当需要进行网络交易、网络宣传的时候，就需要有一个自己的官网、APP、H5、微商城等。此时，要么自己组建一个技术团队，要么通过外包方式来解决。

这个过程中，就涉及很多难以轻易决定的问题，比如该找什么样的外包公司，做一个网站需要花多少钱，自己招一个技术团队需要多少成本。尤其是在创业初期，无论是外包还是自建技术团队，都是一笔不小的开支。

曾和一位新创业的朋友聊天，他一直头疼的一个问题，就是养了一个20多人的技术团队，虽然拿到了融资，但盈利之路漫长，仅技术团队的工资，每个月差不多就要30多万元，还不包括其他部门的开支。本来是要在三个月之内上线一款购物商城的APP，还有PC端的官网，可三个月过去了，技术人员陆续招了不少也走了不少，勉强拉起了一支20多人的技术团队，可仅仅只是做好了PC端的官网，兼做一些H5的促销页面，但APP还是迟迟不能上线，依旧处于不断地改版、不断地重复劳动中。

对于一个创业团队而言，花费如此高的人工成本，却做不出什么东西，是一件很让人困惑的事。两个联合创始人基本不懂技术，都是做传统零售出身，组建了一个完全没有经过磨合的技术团队，他们心里对技术开发一点底都没有。

这个团队比较有看点，首先是技术总监——一位资历很深的技术管理者，本人已经不会什么技术了，只是做管理，做进度表。团队中没有核心技术人才，即所谓的前端后端技术主力，成员基本都是工作没两年的新人，因为创始人的传统生意思维根深蒂固，不愿意花高价聘请技术高手。

这一定是一个做不出什么东西的团队，虽然6个月后勉强上线APP，但还面临大量的Bug需要更改。试问哪一个创业项目可以在开发上花掉6个月的时间。电商市场瞬息万变，一不小心就跟不上节奏。

最后一共花费8个月，APP的安卓版和iOS版才上线，基本算是交了差，后期只剩下维护和做一些促销页的工作。可这个技术团队有20多人，总不能人人都留下来维护APP吧，于是也只能想办法让一部分人主动离开，因为人员成本实在太高，创业公司根本承受不了。

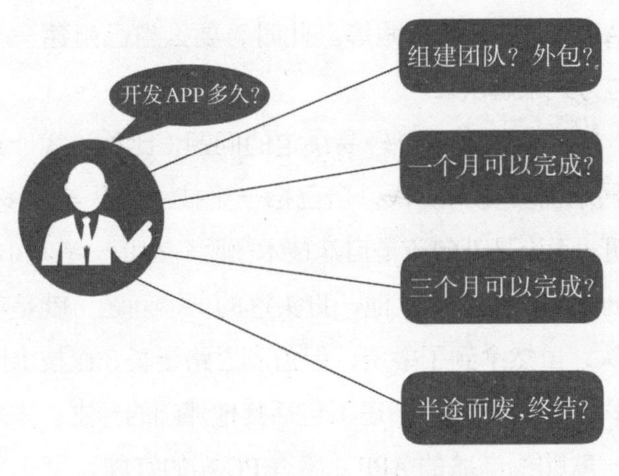

图 26–1　效能与效率

这是一个典型的自建技术团队带来长期阵痛的例子。曾经和一位技术

“大咖”聊天，他说现在的技术人员，除了在学校里读了4年的编程的正规军外，还有一部分是自学的。这部分自学的人很难把控，因为有兴趣自学，且学有所能者后期的潜力无限。然而还有一部分是在培训机构培训了几个月就出来写代码的。这些培训机构很“坑”，一般在最后一个月里专门培训怎么应付面试，怎么拖延工作等。这部分程序员基本属于养着充数的。看来程序员的世界并不是那么单纯，需要有一定的辨别能力。

到底什么样的项目需要自建技术团队

第一，含着金钥匙出生的，不缺资金的。

如果不缺资金，手中有大量的投资，这个时候可以考虑自建技术团队。步子可以迈得大一些，宁可花月薪3万元招一个“牛闪闪”的程序员，也别花3万元招三四个学徒式的程序员。笔者曾经做过一个项目，有幸带过一段时间技术团队，深知程序员的水平对工作进度的影响。

因此在这一点上，笔者认为既然选择了自建技术团队，就应该明白，一切为了项目进度与质量考虑。在技术团队组建上，一定不要省那点钱，因为好的技术人员的薪资从来都是很高的。很多精打细算的创业者都落入了这个陷阱，最后浪费了时间不说，还没做出产品。

第二，创始人里有做技术出身的，或者懂产品的。

最无奈的地方就是几个合伙人中没有一个懂技术的，或者没有懂产品的，连带过产品团队也没有。后果是技术团队成员的招募和项目进度的把控，都会成为问题。因为不懂，技术人员可以用任何理由来搪塞进度。

比如有一个好点子，要用技术来实现，本来三天就能开发体现出来的，他告诉你需要一周，或者告诉你在原有的架构上无法完成，如果做就会影响进度，前面的有些工作就要推倒重来，或者说人手不够，需要招聘人员。

这些说辞对于不懂技术的人来说，很难用专业的眼光做判断，也很难反驳。但合伙人里有懂技术的，就完全不一样了，哪些东西能做出来，需要多长时间，一清二楚。

可能有些人会说，招一个懂技术的高管不就行了吗？这可能又会陷入无休止的扯皮讨论中，又回到了章节开篇讲的那个案例。

第三，技术型的创业项目。

还有一种，就是这个项目本身就是技术型的创业项目，比如说是智能硬件、游戏、应用等，靠技术开发来赚钱，技术是其核心产品。对于这种项目而言，必须自建团队。不过一般这种项目的创始人都是有技术背景的。

如果创业的产品是技术型的，那么项目的核心部分必须自己来完成，无法外包，因为涉及产品的快速迭代，以及后期的持续开发，技术人才不可或缺。

自建团队的弊端

第一，招募合适的人所需要的时间成本。

招募技术岗位人员需要时间，一般在两个星期到一个月，如果只是一个简单的APP，需要设前端安卓一位、iOS一位，后端两位，还有产品一位，UI（用户界面设计师）一位。这仅仅只是基础配置，看需求的大小、页面的多少，再增加人员。

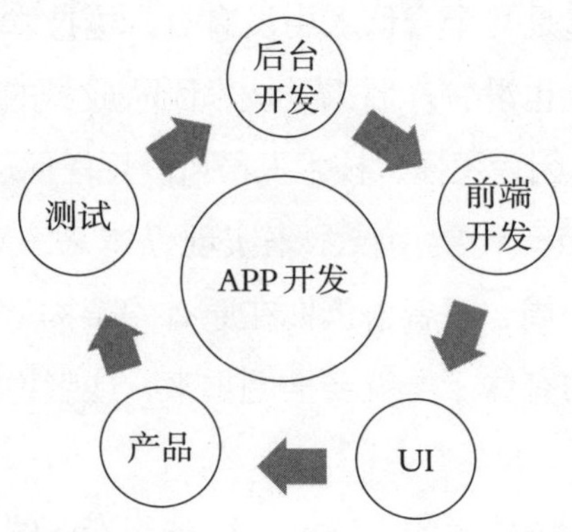

图26-2　技术开发团队

一般这种配置做个简单的 APP 是没有问题的，但如果页面过多，就需要多增加一些人员，还不包括测试团队。将这样一个团队招募到位，会花掉不少时间。这就取决于做的是个什么样的产品，如果是商城类型的，根本没有必要做个 APP，一个 H5 的微商城就可以搞定了。

而做商城类的网站这种简单的活动，外包是最合适不过了。有时候甚至不用找外包公司，利用现成的微店就可以实现。

第二，成员之间的磨合成本。

招到人员之后，成员之间相互配合也需要一段时间。我们都知道在赶项目进度的时候，需要各个岗位的技术人员加班加点。每个岗位的进度都会影响其他岗位的工作进度，UI 和前端的配合、前端和后端的配合、产品经理和技术总监的配合等，都需要一定的时间磨合。

时间就是机会，就是成本，就要求每个岗位都必须有“熟练工”。“创业团队不需要管理型人才”，对于这个观点一定要有清醒的认识，创业团队中的每个部门需要的都是做事的人，尤其是技术团队，根本不需要专业的管理者。

第三，能否做出真正适合用户的产品。

外包公司要做的不仅仅是技术实现，重点更在产品上。如果没有好的产品经理，或者合伙人里没有懂产品的，就会很麻烦。非常不赞同一些想创业的人说“花钱招一个不就完了吗”，如果真这样干，很多虽然拿到了融资的项目就不会迅速陨落了。

其实产品经理的角色非常重要，尤其在创业团队里，他几乎是万能的：能够发现用户需求，能够设计出体验感很强的产品，也能够对产品进行升级换代，还要知道哪些功能容易实现，并不断地找到商业变现的各种方式；能够发现和外包团队相比，自主开发产品是否有足够的优势，比如现在的产品需要有全网营销的概念、用户体验研究等。另外，从效率上来看，专业的人做专业的事，互联网让社会分工更细化，可以让创业者集中精力发展自己的核心业务。

技术型产品外包要避开模板式开发

要说外包公司干活的速度，那可是没得说，一周能做好一个网站，一个月能做好一个APP。其实很多都是套模板，比如做个PC端的购物商城，基本功能都是一样的，同一个时期，风格、布局没有多大差别，成本都在开发第一个版本上，后面直接卖模板就可以了，即使有新的需求，花上一两天稍微做点改动即可。购物型的APP也基本如此。其实这并不影响用户的购物体验，反而降低了不少成本。然而对那些注重技术和交易量的商城，就要担心了，因为当所有的代码原始文件别人都有的时候，这个商城将不再安全。

当然，模板式的购物商城，基本上没什么个性，产品本身也不会有太多的自主传播性。

技术版权问题要明确

很多做技术开发的外包公司，是不会授予版权的，这个在双方开始合作的时候就应该明确，合同里也要涉及。因为给了版权，相当于这个产品是量身定制的，里面涉及的很多技术就无法应用到其他产品上。

一般外包公司不会承诺授予版权，只会承诺购买方拥有再次开发的权力和使用权。那么创新型、首创型的产品，就应该注意，为了解决知识产权问题，是花费高价买断技术版权，还是在最初开发的时候就谈好一切。

最好的方式：外包公司出第一版，招募后期维护技术人员

无论是微商城，还是APP，最好的方式莫过于在前期开发时外包给专业的公司，等第一版研发后，全部收回。在做第一版的过程中，去招募一个小型的技术团队，两三个人即可，一个前端，一个后端，一个UI，等人

员基本到位时，第一版也已经差不多做好了。

因为开发第一版是最难的，也最耗费人力，需要多人的配合才能完成。外包给网络开发公司，就省心多了，而且也省去了高额的人员费用，是件一举两得的事。拿到第一个版本之后，后期维护就自己来做。

这个时候就不需要什么技术高手了，一般的技术人员就能够做到。无论是版本升级还是添加功能，都是在原有的基础上做改动，会容易得多。

网络产品的个性化在消失，功能性在增强

网络产品的个性化一直被捧得很高，但无论是微商城、APP，还是二次开发后的公众号，为了吸引用户的关注，在视觉上、布局上，都下足了功夫。但事实上网络产品的功能却大同小异，对大部分人而言，很多个性化都是没有必要的。

就像微信在 2017 年 1 月 9 日正式推出小程序。小程序可以替代微商城、官网和 APP，用户不用载 APP，绝大部分功能就可以在微信上实现。不用注册，不用填写信息，不用验证。虽然小程序也需要开发，但需要的技术人员很少，一个前端加一个美工即可，而且小程序有固定的布局，为的是实现功能，目的性很强。

任何一家公司都可以有一个小程序，可以与微信公众号互通有无，虽说小程序暂时无法分享朋友圈，只能分享到微信群，发给好友，但可以利用公众号聚“粉丝”，做推广。在未来几年，小程序一定会不断改进功能，满足商家的各种需求。

27

共享经济的机会

曾经的共享经济金句是：“没有一个房间也可以开酒店，没有一辆车也可以开租车公司，没有一件商品也可以开商场。”

把一个新鲜事物变成我们生活的一部分，让很多没有预料到的新鲜事物突然出现在我们面前，只需花费很少量的成本就可以享受这一新鲜事物，这就是共享经济。

我们一定要记住最后一句话，就是用少量的成本享受一个新鲜事物，这才是共享经济的精髓。成本，包括时间成本和金钱成本。如果脱离了这句话，无论用哪种理论分析共享经济，理解共享经济，都是站不住脚的。

到2017年年中，已经有大量的共享经济体诞生，连那些不怎么会使用移动互联网，不怎么会使用微信支付和支付宝的人群，也开始享受到共享经济的成果。

移动互联网的用户再次增长，很大一部分原因在于共享经济的发展。当初的打车市场“烧钱”十几亿元，烧出了一大批的移动用户，把那些不怎么网上购物的人群，但又有打车需求的线下消费群体吸引到了移动端消费。

而共享经济，尤其是共享单车，可以说再一次吸引了大量的不用移动支付的人群，连六七十岁的老人家都会掏出手机扫一扫借单车了，更别说十来岁的小朋友了，你说它的贡献有多大！

共享经济的历程

最先开始的应该是创客空间、共享办公，这对于中小型公司来说，能够节约大量的办公成本，还能对接很多资源。尤其是对创业型公司而言，一个工位 1600 — 3000 元不等，租一个工位就能享受创客空间的一切服务，硬件如会议室、培训室、洽谈室、运动室等，软件如参加各种培训、融资会议等，这些都是创业公司急需的东西。

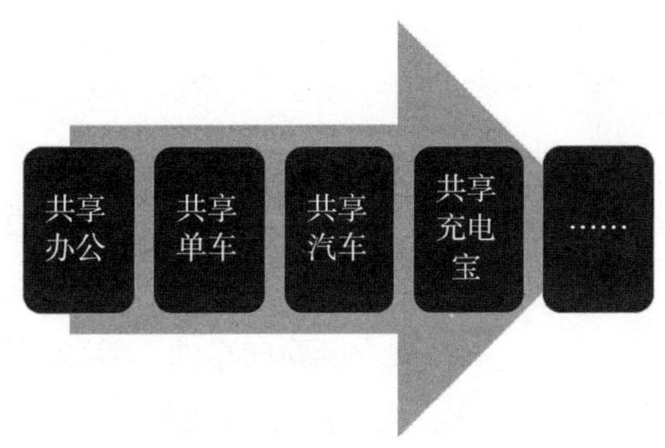

图 27–1 共享经济的演变

后来的打车软件市场中，几百家打车软件入局，市场竞争异常激烈，最后剩下滴滴和快的两家。阿里和腾讯入局后，滴滴和快的合并，共享打车市场趋于稳定，清除了所有的不和谐因素，这才到了真正赚钱、真正商业化运作的时候。

在分析打车市场的时候，有一个核心的分析点，就是移动互联网新增用户这块，阿里和腾讯投资打车市场，目的在哪里，是为了赚更多的钱吗？一定是，但不是靠打车软件去赚钱，而是靠吸引新的移动端用户来赚钱。打车市场，可以用微信支付，也可以用支付宝支付，这是一场营销争夺战，一次抢用户的争夺战，最终阿里巴巴和腾讯双赢。

但将共享经济推向高潮的共享单车，在短短几个月里覆盖了全国大多数城市，一小时一元钱，随时随地取车换车，摩拜单车和 ofo 单车，一个月就几轮融资，市值增长迅速。其他单车品牌也陆续加入，接着阿里巴巴和腾讯入局。

这和打车市场的争夺有一个共同点，就是吸引移动端的用户，在这方面阿里巴巴和腾讯怎么能落后呢？如何收割市场，靠支付宝和微信支付，扫一扫就可以用车，最后用户都是自己的了。

紧接着，被诟病的共享充电宝问世，对此，一堆大佬在批评，一堆大佬在疯狂投资，一小时一元钱，一台机器承载七八个充电宝，随借随还。这种设备放在商场、实体店、KTV、酒吧、咖啡厅等地，两个月就可以回本。

共享充电宝一定是有价值的，因为是刚需，重点在于这个价值能够存在多长时间，它的存续时间是由手机电池问题何时解决决定的。手机电池的续航能力什么时候能解决？谁也说不准，或许 5 年，或许 10 年。

还有不温不火的共享篮球、共享雨伞、共享健身等，有被叫停，有被没收。其实这很正常，新生事物、创新的东西，难免会违反原有的规则。大家都在尝试和摸索阶段，相互让步，共同发展，一如当年的打车软件市场，各种矛盾最后都被一一化解。

共享经济到底是个什么样的生态，能持续多久

“唱衰”的都是什么人

一直有人在“唱衰”共享经济，认为这是一个大泡沫。这些人从共享打车软件开始，就这么干了，但滴滴现在市值 400 多亿元，他们的“唱衰”又有什么用呢？今天他们一如既往地“唱衰”共享单车，“唱衰”共享充电宝，“唱衰”一切共享经济形态。这些人有这么几个基本特点：

第一，用租赁来对比共享经济。

认为共享经济就是把自己闲置的东西拿出来共享，收取一定的费用，

而现在的共享单车、共享充电宝，都是把剩余产能，或者说把产品拿来做租赁，这不是共享经济，而是租赁经济。这个理由太站不住脚了，完全是不懂商业创新，就出来说事。10年前我们可以称之为租赁，今天为什么不可以叫共享经济呢？加上互联网，加上创意，有了新的运营模式，怎么反倒成了新瓶装旧酒了呢？

所有商业模式的演变都会出现新事物、新概念，共享和租赁的区别太多了，例如我们在开篇里提到的花费很小的成本获得新事物的使用，这一点租赁就很难做到。从另一方面来说，“租赁”这个词是要慢慢地被淘汰的，租赁的模式也会逐步被淘汰，取而代之的就是共享。

第二，是否是泡沫，由需求决定。

分析商业模式，应该从需求出发，而不是从概念出发，是不是泡沫由需求决定。打车市场有没有需求，一定有，事实已经证明了。共享办公空间有没有需求，一定有。现在也发展了好几年，孵化了大量的创新企业，你能否定它吗？

共享单车解决了最后一公里的出行，还能够改善人们的亚健康状态，实现“绿色出行＋运动”。你没看见满大街的人都在骑单车出行吗？这是刚需，是真正的需求。共享充电宝也是如此，手机的电池续航问题一天不解决，共享充电宝就有市场，而且也是刚需。所以说它们都不是泡沫……

第三，远离只讲套套理论的人。

什么是套套理论，就是从基本的咬文嚼字开始，分析理论，做一套循环的逻辑推理。然后告诉你这玩意不行，因为他的推理是正确的，而你又找不到反驳的理由，但是只要从生活的角度去分析，绕开他的理论，就能发现他讲的都是废话。

比如有人抓住“共享”两个字，认为只有闲置的东西进入市场才能叫共享经济。这种论调有什么用呢？这和你的商业运作有什么关系吗？大家都在创新，他的思维还停留在这里，就应该被判出局了。这种人一定要远离他，因为他会让你的思维固化。

这也是笔者写这本书的时候，第一章就细细讨论了套套理论的原因，因为大部分人都会被套进去。

共享经济是新商业的变革，它的真谛是什么

共享经济是一种商业变革，一种新的社会协作模式，改变了原有的商业形态。很多人没有看到这一点，比如关于共享经济有这么一句金句："没有一个房间也可以开酒店，没有一辆车也可以开租车公司，没有一件商品也可以开商场。"

在过去你说这种话，会被认为是个骗子，而今天，这些都成了事实。闲置租房平台，让任何人都可以成为房东，滴滴成了最大的租车公司，阿里巴巴自己不生产商品，却开了中国最大的商城，摩拜没有生产一辆单车，却拥有了国内总量占1/3的单车。

这就是共享经济模式，整合社会上所有的闲散资源，把过剩的产能利用起来，让社会的资源得到合理的利用，难道不是一种进步吗？

同时这种经济体创造了很多的就业岗位，加入的人都获得了丰厚的回报，比如说加入滴滴、快的的那些司机，无论是专职的还是兼职的，都获得了一定收益；共享单车让人们的出行更便捷，节省了大量的时间，缓解了城市的交通压力。

从这些就可以看出，共享经济的真谛其实就是高效率的社会协作，这种方式适合当下甚至未来的经济发展，适合整个社会各个层面的需求。

共享经济的预测及判断标准

第一，刚需是判断一切商业行为可行与否的唯一标准。

创客空间是刚需，共享单车是刚需，共享充电宝也是刚需，这些市场是一定存在的，而且有很大的商业价值。

共享经济有很多好的东西值得学习，也有很多不可行的东西，或者说，在现阶段不可行。比如说共享汽车，是不是刚需？一定是的，有很大潜力的。但共享汽车并不会有很大作为，原因很简单，汽车不仅仅是解决出行问题的工具，还是炫耀品、私人物品。同时各大城市交通压力这么大，共享汽车如果盲目扩张，一定会被限制。还有就是成本问题，汽车的成本比单车高得多，在短时间内是无法解决的。但如果把共享汽车做成一

个小众的需求市场，就会成为刚需。

第二，目标人群有多大，市场就有多大。

共享经济和之前的O2O是一样的，要区分群体需求，不能简单地推算市场有多大、目标人群有多少。比如上门洗车，理论上有车的人都有这个需求，但懂生活的人明白，上门洗车并不靠谱，一次尝鲜即可，毕竟开车路过洗车店就可以洗，没必要非得预约上门服务。高品质的上门洗车是一个高级服务，只有顶端的一些人群才需要，而且为确保品质便无法批量上门服务，因为成本太高。但对于少部分愿意花更多的钱享受更好的服务的人群来说，这是一项专享服务，就值得了。共享经济也是如此，大众消费品一定要针对目标人群。

共享单车一小时一元钱大家可以接受，但超出公交出行标准，就会失去大部分人群，市场就会变小，共享充电宝也是如此。很多项目都是可行的，只要找准目标人群，合理扩张市场，这就是现在讲的垂直细分领域的共享经济，这种经济体还没发展起来，机会还有很多。

第三，起源于产能过剩，盛行于商业创新。

共享经济起源于产能过剩，但要盛行一定是靠商业创新。把不同的经济体植入共享经济的运作方式，这个时候，商业体就“活”过来了。不要再用“闲置”这个词去定义共享经济了，这对实际问题没有任何帮助。

未来5年的共享经济，一定是创造型的共享经济、创新型的共享经济。不会出现所谓的脱离共享经济本质的新事物，经济模式在进步发展，在不断完善。

2016—2017年出现了很多共享的新物种，比如说共享太空舱、共享包包、共享衣橱、共享购物车、共享婴儿遛街车等，每次的创新都是一个机会，不创新，思维定势，只能等死。

28

电商进入“下半场”，新电商、新零售开启

电商“下半场”的分界点就在2017年，新电商、新零售不仅仅只是新概念，还是商业形态的变迁。

就算不懂电商，不懂互联网，看不清趋势，跟着电商大佬的方向走，基本都不会错。这是笔者在2014年出版第一本书的时候说过的，到了2017年，你会发现这些话仍然相当的合理，电商冲击了各个行业，让所有行业感受到了危机，不变则危，变则通。如何“变”成了很多人苦思冥想的问题。

现在已经不再讨论传统企业该不该做电商，如何加入电商的问题了，因为这些已经被实践证明是必须做的。现在更应该关心的是电商和传统零售融合之后，带来的整个商业模式的变化，也就是所谓的新零售时代。

在2016年“双11”前，马云曾抛出“新零售”的概念：“纯电商时代很快会结束，未来的10年、20年，没有‘电子商务’这一说，只有‘新零售’这一说，也就是说线上线下和物流必须结合在一起，才能诞生真正的新零售。”

这个概念一经提出，就引起了各大媒体、各大专家的解读和猜想，尤其是从2016年“双11”的商家表现中，你能看到几乎每个类别的前十名都

被传统大品牌包揽，那些依靠纯电商发展起来的品牌，后劲乏力。适合做电商的传统企业基本都涉猎电商领域，而且做得还相当不错。

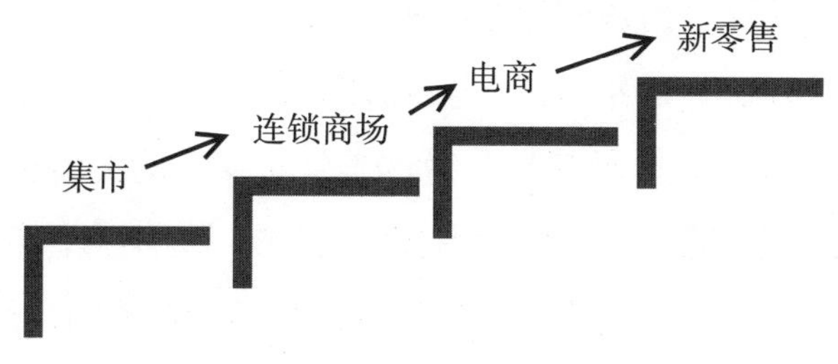

图 28-1 零售市场的演变

传统电商将不存在，纯电商公司将消亡

这是一个明显的信号，传统纯电商公司将不再存在，马云的话没有毛病。电商可以作为新零售的一个渠道，作用在不断强化，和传统渠道一起各顶半边天。就拿天猫来讲，它也不再是作为一个电商平台而存在，销售仅仅只是其中的一个功能。天猫更多地承载了品牌塑造的功能，并结合自身拥有的大数据、生态圈，牢牢坐稳了电商第一把交椅。

已经不用再讲传统零售企业做电商必做天猫了，而是说企业要进入新的商业时代，必然将和阿里产生关系。阿里的生态圈已经非常完善，涉及零售、大数据、云计算、智能设备、旅游、金融、支付等，并会催生新的互联网服务市场。同时，企业要和京东生态圈、腾讯生态圈产生关系。

线下零售还有很多可以改善的空间，电商从未挤兑过线下零售，只是在不断完善自身的商业形态。同时也促使线下零售进行自我升级，并融入电商中。线上和线下将融为一体，互补不足，打造新的零售生态，虽然 O2O 这个概念不会再有多少人提，但线上线下的融合已经势不可挡了。

新零售生态里，纯传统企业无法发展，纯电商公司也无法发展，因为它们都缺少了正常商业中的一些环节，就好比一个人，缺少了一条腿，就不可能像正常人那样去行走。纯传统企业就是那些单纯依靠线下渠道运作的企业，或者是做了电商，却仅仅是把电商当成倾销尾货和过季产品的渠道。

至于纯电商公司，就更明显了，比如那些电商代运营公司、靠运营店铺获取佣金的公司，电商平台运作越来越简单化，技巧越来越不重要，需要的运营店铺的专业人员越来越少，这类公司存在的价值也就越来越低。同时还有那些单纯依靠电商平台去销售的公司，没有线下实体店的保障，用户无法体验，线上流量越来越贵，自身的吸引力会不断地减弱。这两年很多淘品牌都在尝试开实体店，因为他们已经感觉到了这种趋势的来临。

流量集中化，别人手里的流量会越来越贵

谈到吸引力，不得不谈的就是流量，吸引力就表现在流量上。电商的流量红利早已消耗殆尽，目前在天猫、京东上做电商，其实都是租客，流量是天猫、京东的，我们买的不是互联网上的流量，而是天猫、京东这种中间商的流量。

有了中间商，流量成本当然会很高，即使我们喊了好几年的去中心化，做垂直电商平台，但流量依然在不断集中。原因很简单，就是信任缺失，买家和卖家都需要强有力的第三方来做保障，这种趋势不是某个单一个体就能改变的，是群体选择的结果。

在前面章节中已经详述了去中心化是个伪概念，对于电商而言，所谓的形成无数个小中心，也仅仅只是锦上添花，它不会成为商业成功的决定性因素。而线上的流量还会继续向大中心聚集，我们能做的就是加入到这些大中心去，获取它们的流量。

新零售的另外一个主旨就是获客，目前线下的获客能力已经比线上获客能力强了，品牌商看到了这种趋势，在大的电商平台上，你玩的永远都是别人的流量，而在线下你却可以不断形成稳固的影响力，培养那些忠实的用户。

无论是B2C还是B2B行业，电商平台的作用越来越大，网络营销的真

正含义是找到相对精准的客户，而这些平台聚集了有需求的客户。就拿工业品企业来说，需要将产品通过互联网宣传出去，需要去做网络营销，但该如何选择网络平台呢？你的客户看起来非常固定，不像消费品，放眼望去都是潜在客户。工业品只有某个行业才能用到，此行业人士会去哪里寻找此类产品？首先就是百度搜索，其次就是电商平台，比如阿里巴巴、慧聪网等，而后者的比重会变得越来越大，因为它更专业、集中化程度更高，此时做电商的机会就在这些B2B电商平台上，2016年的B2B投资热就是这个道理。对工业品企业来说，全网营销、社交平台等，就要慎重考虑，因为回报周期很长，需要花费很大心力去做。

企业服务市场将会让新零售与互联网的联系更紧密

电商的“上半场”能够解决销售端的问题，这是所有企业都能够感觉到的。为企业宣传，通过电商平台卖货，不断地解决销售问题。与此同时，企业还有另外一个问题，就是如何降低运营成本，这也是企业急需解决的问题，生产成本、运输成本、人工成本、管理成本等都在上升，而商品暴利时代早已远去，低成本高效率运营成了一种趋势。

电商的“下半场”会解决“商”这个问题，利用SaaS，也就是企业软件服务。比如HR管理工具，利用手机终端可以实现考勤签到，处理员工加班、请假、出差，计算员工薪酬，发放工资等，再加上社保缴纳等功能。这样一款软件在国内还在起步阶段，使用规模不是很大。

这种软件一般是按人员来收费，给大家算一笔账，比如使用这款HR管理软件，按市场价格，一个员工每月支出20元，那么200个员工，一个月也就4000元费用；100人的公司，一个月就2000元费用。而一二百人规模的公司，一般人事部负责招聘、薪酬、社保等最少需要三个人，每个月薪酬最少也要1.5万元，但使用HR管理软件，只需要一个人将员工的信息录入系统即可，其他的就自动生成了。

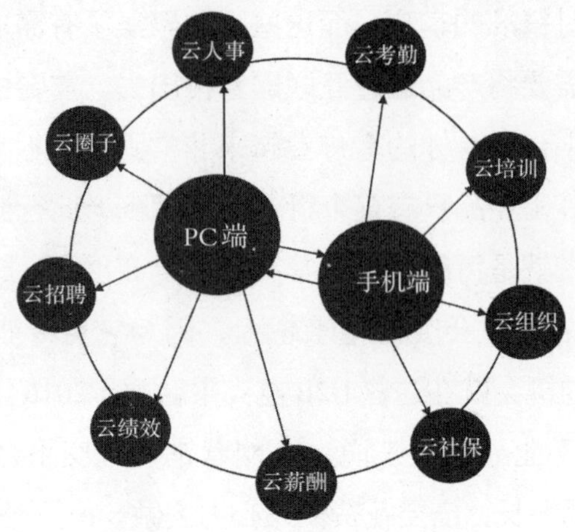

图 28-2　HR 一站式管理工具

这款 HR 管理软件为公司直接节省了人事部门一半多的成本。不仅仅是 HR 管理工具，目前市场上已经有人开始做财税软件、保险软件、销售管理软件等，这些软件的应用都是利用互联网技术来降低企业运营成本的。

内容精准匹配终结以往的网络营销方式

内容营销将在新零售里起到链接作用——链接客户与企业。客户越来越理性，市场越来越透明，只有专业的产品、专业的宣传，才容易被人接受。比如商家更喜欢在那些专业的、垂直的平台做宣传，如钢铁企业找钢网，做服装布艺的找布网，做塑料制品的找塑料网等。这也是 2016 年垂直 B2B 平台能够迅速发展的一个重要原因，是被印证了的事实，在接下来的几年仍将引领整个网络营销大趋势。

这里要强调一点，纸媒、电视、“硬广”这些广告方式仍然会存在，而且还会存在很久。受众群体的目光第一次转向互联网之后，传统媒体受到了巨大的冲击，但其权威性仍在，尤其在网络虚假信息泛滥的今天，大众对传统媒体的好评还在增加。只是传统媒体在网络媒体面前显得比较笨拙和不知所措，灵活应变的能力比较弱，但通过这几年的转型，已经有了明显的改善。

甚至很多传统媒体在进入新媒体之后做得相当不错，因为它们本身就是内容提供者，有大量的信息资源和编辑人才，再加上对内容的严格要求、把控，其可信度大大提升。比如凤凰网、《人民日报》等微博、微信公众号都做得相当不错。用专业的文章推荐货品，很多公号已经做出了不错的成绩，无论是个人还是媒体，内容的传播远比广告更远一些，也更有说服力。

用内容卖货，在内容上不能做得像“软文”，要做真正的知识、专业的研究观点。在网络信息缺乏的时候，要看谁先有网络信息发布的意识，但当网络信息泛滥的时候，就看谁的信息足够专业，足够持续。专业的内容一定要持续去做才会有效果，比如做山地自行车，一个月写一两篇的专业介绍是有用的，但提不起人们的兴趣，也不会形成广泛的传播，因此要做的是持续，每周每天都有更新。在持续的基础上，内容还要生动有趣，多一些生活元素，把专业的东西用娱乐的方式、口语化的感受呈现出来。这也是当下人们的一个阅读偏好——专业＋娱乐。

超级个体的崛起

说到个体资源，就要谈到自媒体，在电商的下一个阶段，个体资源的爆发会逐渐显现。也就是广义的自媒体，每一个人都是一个媒体，每一个人都有自己的资源。比如你的个人微信号、微博有几百上千的粉丝，这就是个体资源。

个体资源的变现有点类似微商，但又有所不同。微商以商品为中心，而个体资源除了商品和营销外，更多的是在商业价值方面，比如人脉扩展、自我提升、身份认同、圈子背书等，围绕这些无形资源展开。

比如你从事电商行业，有一定的经验和成绩，但不是在BAT里混的，基本不认识什么电商大佬级别的人物。但你想往更高层次发展，或者有很好的项目要创业，需要大佬背书投资等。这个时候你的个人资源明显有局限性，且通过互联网的方式去结识这些大佬，比如微博、微信、脉脉等，但不一定会有反应。你需要更高层次的人脉，就要选择融入这些大佬可能存在的圈子、社群等，找到社群的核心人物去扩展，接触更多资深人士。一旦打入这个圈子，就基本上获得了圈子的认同，之后的资源分享、合作、信任背书，都会成为可能。

你需要别人的圈子，相应地别人也需要你的圈子。想打入更好的圈子，方法很简单，付费加入相应的社群、相应的 MBA 商学院。不付出钱，就要付出自身的价值，在自己的影响力和别人相当的时候，很容易结识大佬，而差距较大时，选择社群是建立个人资源最好的方式。

另外一个就是个人能力的爆发，一个有才华的人，在互联网的“下半场”通过各种方式，都可以将自己的才华传递出去，让别人看到。同时也可以利用自己的才华做一个真正的自由工作者、一个 IP。一个人不再是只精专于某一行，而是立足于这一行，借助互联网和新趋势，不断地延伸。

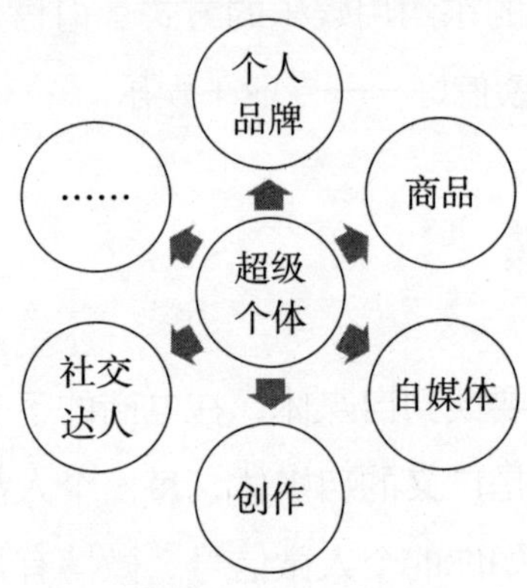

图 28–3　超级个体的普及

品牌成为新零售的关键

品牌的作用在零售行业、电商行业的地位越来越显著，品牌的塑造是一个漫长的过程，传统企业在这一方面有很大的优势。到 2016 年，你会发现电商并没有让人们对网络更信任，而是让更多的人更警惕了。

尤其是零售产品，涉及的行业特别多，很多产品也许用户这辈子只用那么一两次，对于这些行业基本没有什么了解，也不可能花太多的时间去了解所有的产品，再加上网络虚假信息泛滥，各大电商平台假货频现，这个时候品牌的作用就显得格外重要。

消费升级看重的是性价比，中国的中产阶级迅速壮大，他们的消费能力升级了，开始追求更好的产品、有质量有保障的产品，愿意花更多的钱买更好的产品。这里说的更好的产品，不是指那些更贵的产品，而是回归产品本身，质量更好、更安全的产品，现在已经不是电商初期以价格为导向决策的年代了。

当同类产品非常多，价格差别很大，商品展示图片拍得基本差不多，评论真假难辨时，首要选择就是品牌，就是品牌旗舰店，用这种决策方法的风险是最低的。因为大家心里清楚，品牌商如果降低质量生产假货，成本会非常高，有可能因为几件产品就毁了品牌多年的声誉。

线上线下的一体化运作正式到来

熬过了电商疯狂增长的这几年而存活下来的实体店和品牌，基本都在积极地拥抱互联网，和互联网融为一体。以前所说的O2O，其实是有明显的线上线下分工的，线上宣传，线下体验，这种分工其实不是融合，只是把网络作为工具在使用。

真正的一体化，应该是无差别的对接。线下和线上同时存在多个功能，比如同时作为主要销售阵地，也作为推广阵地、体验阵地。尤其都承担了品牌传播和维护的责任，意图把线上和线下的服务做得一样好。

就像零售行业推崇的标杆——优衣库一样，它在2016年“双11”表现“一骑绝尘”是有道理的，比如推出限时限量特价商品，一个上午店铺就卖空了，狂收6亿元。它坚持了自己的承诺，线上线下统一价格、统一款式，限时折扣，卖完清空，线上下单，线下门店可以取货。

这些服务标准一如既往地执行，商品质量控制一如既往的严格，在消费者心中已经有了良好的形象，这些都促成了它的成功。在参与大促的时候，消费者不用去担心商品质量问题、退换货问题、虚假促销问题等，只需要判断这个款式自己喜欢不喜欢。

线下实体店起到的作用，就是体验保障、实力保障、安全保障、交易保障等。无法通过网络判断的因素，实体店都解决了，无论是线上消费还是线下消费都有一样的体验，这才是新电商的真正要义，可以服务于所有目标群体。

实体消费很多时候是一种生活方式，网购消费也是一种生活方式，这两种方式不能割裂开来，因为每一个人都有这两种生活方式的需求。绝大多数人都在不同的外部环境影响下选择不同的方式，交错进行。

比如你工作非常忙，没有时间去实体店，网购时会比较倾向于那些自己熟知的品牌，曾经用过的品牌，那么实体店就必须在电商平台上存在，让你随时找得到。当你有时间的时候，想同家人和朋友逛街购物时，这些品牌就必须有实体店。即使你是一个喜欢尝鲜的人，线上线下同时存在的品牌，也会便于你体验，减少你的顾虑。

这种一体化的运作，伴随人们消费理念的转变而深入，是消费方式的升级，也是众多企业应该注意的。新零售更多的是适应了当下消费者的生活方式，是互联网和社会发展的必然结果。

附录

独立思考有多重要

无论你是创业，还是做职业经理人，独立思考对你来说都十分重要。不要总是去研究那些成功的商业模式，因为没有几家公司是靠模仿就能成功的，尤其是那些已经成功好多年的企业。成功是无法复制的，对于迷信行业大佬的人尤其需要明白这一点。

我们更多的应该关注那些失败的创业案例，研究他们到底如何失败，问题出在哪里？以避免犯同样的错误。同时要了解大环境下的趋势、思维、模式，分辨哪些是错的、哪些是对的。

只有独立思考，才能让自己的创业项目成功，才能在职场里走得更远。然而独立思考是需要前提的，要有一定的阅历，多年行业经验积累。没有主见、犹豫不决、人云亦云，都是不会独立思考的表现。

要摒弃自己的弱项，就需要精通某一行，有专业的知识，而不是让你什么都懂，什么都去了解。其实并不难，你只需要对自己从事的行业深入研究即可，了解上下游产业链，了解竞争对手的状况，成为这个行业的专业人士。

专业人士能更容易透过纷乱的表象洞察事件的实质，就不会依靠虚假的趋势和市场泡沫轻易下判断了。

位置决定一切，大佬说的对你基本没用

当我们的知识层次没有达到一定高度的时候，该相信谁？事实上大部分人选择相信企业大佬。做生意的、创业的、职场上的，大家几乎不相信搞理论的，因为基本没啥用。

这个时候大家就开始相信那些成功的企业大佬，比如阿里巴巴集团创始人马云、京东商城创始人刘强东、万达集团创始人王健林等。人们愿意相信那些成功者、那些做实事的人，因为他们凭借自己的努力已经成功了。

越是这个时候，我们越应该注意到，现在是互联网时代，每家企业的创始人就是一个成功IP、一个流量入口。他们的一言一行都代表了自己的企业，很多人都是通过他们才知道有这么一家公司，有这么一个产品。

人已经成了流量入口，我们通常所说的"位置决定脑袋"，就是这个道理。他们在这个位置，就要说一些对企业有利的话，一定程度上有宣传的意思。所谓"语不惊人死不休"，比如刘强东曾说过：传统企业不用去做电商，交给京东做就行了。专业的人做专业的事，这好像很有道理。可仔细想想，并不是那么回事。京东是一家以自营为主的电商平台，如果大家都去做电商，京东自营还怎么做？很明显，他是站在自己的位置思考问题。

再比如王健林曾在一次访谈节目中鼓励年轻人先给自己设立一个小的目标，比如先赚一亿元。这句话迅速上了热搜，大家并不去深究这句话产生的语境，反正就是觉得好玩，就去传播了。

再看马云曾说过"我这辈子最大的错误就是创建了阿里巴巴"，这会是真的吗？有可能，至少在讲情怀的时候，他一定是认真的。

成功人士展现在公众面前的形象不再是传经布道，在他们那里你也听不到真正成功的方法。即使他们愿意将自己的经验讲出来，也会有所保留的。比如比尔·盖茨是个天才、世界首富，但他当年创办公司做的第一单是他母亲给的，而他母亲是IBM的高管。有多少创业者"死"在了第一笔业务上，又有多少创业者"死"在了没有大客户做依靠。

创业成功是偶然事件，趋势不是一切的主导

大部分人的成功都是不经意的，没有特别规划，只是尝试了一下，或者在没有选择的时候，做了当时唯一的选择，却赶上了大趋势，然后就成功了。比如第一批下岗的工人，基本都去做小生意了，然后赶上实体民营经济大爆发，赚了盆满钵满。他们不是在趋势爆发的时候刻意去做的，而是碰巧趋势就在自己从事的行业里爆发了。但那些刚开始保住工作的人，过了没几年就下岗了，什么也没赶上。

再比如在2000年，那些没有考上公务员的、没有考上事业单位的，很多去从事互联网行业，做电子商务了。几年之后，混得好的基本都创业了。到2008年，互联网电商行业迅猛增长，最后都混成了成功人士，而那些拿着固定工资的人，依然日复一日地从事重复性工作。

你说他们是赶上了好时候吗？不是的，他们是在失去了当时最好的选择的时候，迫不得已选择了当时并不被看好的行业，但几年后他们成功了。这也告诉我们，没有得到当时最好的工作、最好的机会，不代表以后会比别人差，你还有三四十年的时间可以重新开始自己的人生，也许这将是一段更精彩的旅程。

还有，十几年前国内最优秀的人才，由于成绩很好，都出国深造，后来在国外工作。成绩不怎么好的，留在国内打拼，上班，做生意，很多人并没有想再去深造，去考研考博，有了闲钱又没什么投资的门路，就多买了几套房子。十几年之后，有些出国的回来发现，自己竟然买不起一套房子，而那些留在国内的同学却个个活得很滋润，手上有几套房子市值几百万元上千万元。这一切与智商无关，与能力无关，也不是站在趋势上，更不是看准了机会，仅仅只是做了一个不经意的决定，然而却中标了、成功了。

机会都是做出来的，不是找出来的

机会是留给有准备的人，这句话永远是正确的。在风口上创业，在有潜力的行业创业，比的是存活时间。很多机会都是在做的过程中不断地发现的，而不是靠提前布局、提前预测的，能做到提前几年布局的非常少，代表性人物比如马云、刘强东等。

如何做？就是先要稳定下来，不要被媒体引导，不要被投资人影响。如果被别人影响，你就会陷入不断找机会的死循环，总觉得自己没有成功，是没有找到好的机会，没有找到自己喜欢做的事情，把一切归咎于时运不济。

之所以说机会是做出来的，就是要让你慢下来。现在的创业者，在投资人的压力下，在市场舆论的导向下，大都在追求迅速盈利，迅速占领市场。你做得不够快，投资人都不愿意，因为他们需要的是迅速赚钱，或者看到足够好的财报，争取下一轮融资。

这个时候，就要认清现状，很多时候不是项目不行，而是你太着急了，后面有大量的机会、大把的方式去盈利，而你根本就没有等到这个时候。

过去越成功，遇到转折点的时候就越难

这里的转折点指的是变革的大时代，也就是经济趋势的转折点。曾经在商业上很成功的企业是最难成功转折的。我们经常说转型，可知转型之痛无异于重生。不仅仅是内部组织改革，部门重组，涉足电商，更重要的是思维认知上的变革，有时候是完全颠覆过去的玩法。

就像2017年之前，很多传统企业就遇到了这种困境，在电商大趋势来临的时候，一等再等，以至于晚了好几年才涉足电商，即使做了，也是停留在原来的思维里，把电商当成了销售渠道去做，没有认识到它是一种新

的商业形态。

原因就在于他们的思维还是原来的生意模式，他们对转型进入互联网、电商这种变革方式没有清楚的认知。电商是一种替代性的变革，不是辅助销售的工具。

在实体店时期，除了房租、水电等固定费用，几乎每一笔营销费用都会有预期效果，这直接表现为销售增长。也就是每花掉一笔钱就必须有利润产生，即使促销失当也不会损失太多，而且管理者热衷于大批量成交，比如寻找关系，拉亲攀故，或是依靠区域性垄断制造壁垒，保证自己的利益。

然而世界都已经改变，可这些人的思想却没有改变，他们依然认为自己的模式很好，把没做好归咎于经济形势不好，归咎于淘宝，却不愿意改变自己的生意模式。

这里有两个原因：第一个就是他们只愿意看到自己愿意看到的东西。这种想法每一个人都有。人都有寻找安全感的心理需求，能够掌控的东西就牢牢地把握住，对于新的不确定的东西避而不见。比如你开几家实体店卖衣服，生意一直都很好，然后到了2010年，电商趋势已经来临，很多人加入电商，你的生意也开始有所下滑，但还是有丰厚的利润，这个时候你多半是不会选择冒险的。到了2012年，顾客不断地减少，店面已经没有太多的利润，但依然可以维持。其实你也感觉到了电商的威力，身边的亲戚朋友都在网购，甚至自己也网购，但自己十几年的商业经验已经很成熟了，面对新的东西总会感觉力不从心，在熟悉的地方待得太久，面对电商大发展的大趋势，需要学习的太多了，这个时候选择坚守曾经的成功，还是尝试新鲜事物，这比从未成功的人更难选择，因为选择的成本太高。

第二个原因，就是时间成本。大趋势的来临速度非常快，在你犹豫徘徊的时候，它已经摧毁了旧的模式。比如在足不出户就可以购买所有东西的电商时代，逛街购物的人还是有的，但在逐步变少，而且逛街的需求也在改变，起码购物的需求在减少。

负重越多，面对大趋势的应变力就越差，不是每一个企业家都能够像马云一样提前布局。比如在最初设立阿里巴巴为中小企业服务为目标，当B2B电商的发展呈现持续放缓的时候，马云迅速布局淘宝C2C市场，当C2C时代红利快过去的时候，又开创天猫B2C模式，之后填补网络支付安全的空白推出支付宝，随后根据市场需求布局了蚂蚁金服、阿里云等。

每一次的布局都是在大趋势即将来临的前夕，这种眼光不是普通的企业家所具备的。所以我们更应该注意的是不要在自己的舒适区待得太久。如果你觉得很轻松，那么危机也就已经来临了。

拒绝抱怨，远离没有行动的人

学会独立思考，就要拒绝和那些只会抱怨而没有行动力的人在一起。因为在他们的字典里，自己非常有才，只是怀才不遇，即使做事失败了，也会有很多借口，比如运气不好，别人不配合、不理解，反正自己没什么问题，都是别人的错。

工作中，我们经常会遇到这种人，你走进公司的那天，他就在抱怨公司各种不好、待遇各种差、领导各种无能，结论就是自己马上就要离职了，待不了几天了。然后一个月过去了，一年过去了，他依然还在原来的岗位“摸鱼”，嘴里依然是往日的陈词滥调。甚至在你做了两三年，离职后，他还在本岗位。这种人无处不在，他们最大的缺点就是无能。虽然说得重了点，但却是事实，这个世界上根本就不存在怀才不遇的人，只是自己的错觉罢了，错误地觉得自己很有才。

以前我们总是说“千里马常有，而伯乐不常有”，这句话用在今天多少有些不合适，因为马是被禁锢的，是没有自主选择权的，不能主动地寻找伯乐，只能待在原来主人那里，等待伯乐的发现。活动范围有限，没有自由，更别提选择了，所以千里马常被埋没很正常。

而人则不一样，你可以选择去北、上、广、深任何一个城市打拼，也可以选择留在本地考公务员、事业单位。没有人能强迫你，你完全可以为自己做主。同时，你可以选择从事任何行业，选择自己喜欢的一家公司工作。只要你有才华，一定会被认可。

你是有主动选择权的，不仅仅可以自主选择，还可以不断地提升自己，把自己的才华展现出来。尤其是在互联网时代，只要有才华，你可以通过各种传播渠道展示，又怎么会被埋没呢？

打个大家都知道的比喻，怀才就像怀孕一样，时间长了，大家都知道了。别人不知道，一定是怀孕的时间还不够长，或者只是虚晃了一枪，根本没怀孕，只是自己认为自己怀孕了，这和那些整天只会嘴上说，从来都不去行动的人，得不到成功的青睐是一样的道理。

笔者在创业的时候，也常对新来的同事说，在工作上，不要整天地抱怨，说你的领导不好，那个同事不好，工作很无趣，自己没有学到什么。这些毫无用处，大家从来没有看到过一个整天抱怨的人最后成功了。

专注一行，坚持 4 年就对了

最后给大家分享一下，如何让自己变得专业，变得有才华。一个最简单的限制条件，就是在同一个行业里坚持 4 年。当然这 4 年里，你可以"跳槽"，可以换岗位，但最好不要换行业，行业一换，就是彻底地从头再来了。

积累和沉淀的作用是需要时间来证明的，你不要说自己的智商在 140 以上，是个天才，学习东西非常快，不需要那么多时间。这些仅仅可以用来应付考试，不能作为工作能力和商业经验的考量。

在一个行业，或者一家公司，工作一年后，你会发现，能遇到各种各样不同的问题，对待这些问题，处理的方式也会有所不同。而刚入职场的人很容易有这么一个误区：在岗位上待了两三个月，就认为自己已经都会了，所有的业务流程都已经熟悉了，再想想自己以后几个月或者几年，就要这么年复一年、日复一日地重复做着同样的事情，就抱怨不断，甚至离职换岗。

其实你花了两三个月时间努力学习，掌握的仅仅只是这个岗位的基础而已，这些基础任何一个人来都能够轻松地掌握，和个人能力无关，就更别提有什么竞争力了。你的能力体现在掌握了这些基础之后，是否能够更有创意，更高效地工作，能为公司创造更多的价值。

但很多人在还没有明白过来的时候，就已经离开。每一家公司都有自己的优点和缺点，每一个领导也有优点和缺点，你不能在这家公司坚持，难道就能保证在下一家公司会坚持吗？当然除了那些超级不靠谱的公司和领导除外。

所以，你想让自己变得专业，变得真正有才，就必须在同一个行业磨炼 4 年以上。这 4 年里，你在每一年都能遇到不同的问题，这些都是提升能力、积累经验的过程，也是你怀才的过程。

图书在版编目（CIP）数据

新零售：电商创业陷阱 / 贺光武著. —杭州 ：浙江人民出版社，2018. 6

ISBN 978-7-213-08681-6

Ⅰ. ①新… Ⅱ. ①贺… Ⅲ. ①互联网络-应用-创业-研究 Ⅳ. ①F241.4-39

中国版本图书馆CIP数据核字(2018)第045512号

新零售:电商创业陷阱

贺光武 著

出版发行 浙江人民出版社（杭州市体育场路347号 邮编 310006）

市场部电话:(0571)85061682 85176516

责任编辑 洪 晓

责任校对 姚建国

封面设计 仙境设计

电脑制版 杭州兴邦电子印务有限公司

印 刷 浙江新华印刷技术有限公司

开 本 710毫米×1000毫米 1/16

印 张 15.25

字 数 215千字

插 页 1

版 次 2018年6月第1版

印 次 2018年6月第1次印刷

书 号 ISBN 978-7-213-08681-6

定 价 55.00元

如发现印装质量问题,影响阅读,请与市场部联系调换。